好冷好冷的冷门知识

王颖昌◎编著

九州出版社
JIUZHOUPRESS

图书在版编目（CIP）数据

好冷好冷的冷门知识 / 王颖昌编著. — 北京：九州出版社，2016.12（2018.10 重印）

ISBN 978-7-5108-4855-1

Ⅰ. ①好… Ⅱ. ①王… Ⅲ. ①社会科学—青年读物②自然科学—青年读物 Ⅳ. ① Z228.2

中国版本图书馆 CIP 数据核字（2016）第 308120 号

好冷好冷的冷门知识

作　　者	王颖昌　著
出版发行	九州出版社
地　　址	北京市西城区阜外大街甲 35 号（100037）
发行电话	（010）68992190/3/5/6
网　　址	www.jiuzhoupress.com
电子邮箱	jiuzhou@jiuzhoupress.com
印　　刷	三河市文通印刷包装有限公司
开　　本	787 毫米 ×1092 毫米　16 开
印　　张	22
字　　数	300 千字
版　　次	2017 年 4 月第 1 版
印　　次	2018 年 10 月第 8 次印刷
书　　号	ISBN 978-7-5108-4855-1
定　　价	38.00 元

前　言

“冷门知识”是一种杂学知识，一度被称为“笨蛋问题”和“傻瓜问题”，是处于边缘地位的零碎知识。表面看起来许多很“冷”的知识琐碎、细小、庞杂、毫无系统，有时还显得愚蠢和“无聊”，但实际上这些又冷又小的问题，不仅可以难倒自认为聪明的人，而且它们大多与日常生活息息相关，本身并不晦涩古怪，甚至充满趣味性。就是这些十分有趣的“傻瓜问题”，看似简单平常，却往往让人无从下手，难以回答。

事实上，知识并没有“大小”或“冷热”之分。世界著名科幻大师阿西莫夫曾说：“人类是拥有无用知识越多越快乐的动物。”有时正是对小问题和冷门知识的关注和探索，形成了系统知识，从而推动人类历史进程。

冷门知识的范围和内容往往极为丰富驳杂，类别五花八门，涉及众多学科和领域，具有极强的趣味性和知识性。在冷门知识的领域里，很多人都是无知者，由于平时很少留心那些显而易见的“简单问题”，因此通常对相关知识一知半解。而那些精通冷门知识的人，无论在生活中还是在职场上，经常被认为是博学多才、幽默风趣的人士，很容易受到他人的欢迎和赞誉，因而在人际交往中能够占尽先机，引来众人的崇拜和喜爱。

冷知识不仅有用，而且非常吸引人。这些知识看上去稀奇古怪，却可以增长见识，开阔视野，并兼具益智解颐的功效。成为冷门知识达人，在日常工作生活中会显出很大的优势。因此，学习并了解冷门知识，可以给人们带来许多好处，不仅能在闲谈时增加话题，而且能让生活变得轻松并充满乐趣，使人在交际场合中充满自信，游刃有余。

本书收集了大量有趣的冷门知识，包括生活、科学、经济、心理、艺术、历史、自然、地理等众多领域，囊括了大多数能够引起人们兴趣的冷门话题，包含日常生活中常见的“傻瓜问题”，简单易懂，充满趣味性，同时又富有知识性和哲理性。

“冷门知识”在手，能让读者将丰富多彩的趣味杂学一网打尽，相信读者在阅读本书之后，能够被其中的知识所吸引，进而学习了解，逐渐变得博学风趣，成为人际交往圈子中的话题达人。

目录 CONTENTS

Part 1 生活知识：生活常识知多少

Part 3 经济知识：经济奥秘，超乎想象

Part 4 心理知识：心理怪象，触动神经

Part 5 艺术知识：漫步在艺术的国度

Part 6 文化/娱乐知识：不雷倒你不罢休

Part 7 历史知识：穿越回去看历史

Part 9 情感知识：男女那些事

Part 10 自然/地理知识：遇见未知的世界

Part 11 体育知识：运动的魅力

Part 12 人物知识：名人故事，大长见识

Part 13 神秘知识：让你大开眼界的奇闻逸事

Part 1

生活知识：生活常识知多少

站着累还是走路累?

大部分人都有一种感觉：虽然站立不动，可身体比走路的时候还要感到疲惫。这是怎么回事呢？其实没有什么高深的秘密，处于站立不动的状态时，人体的重量全部被脚底板承受，造成脚掌肌肉在重压之下变形，血液流得不畅通，导致整条腿的血液循环速度减缓，其中脚掌是最累的。时间久了将产生压痛感以及因为供血较少带来的疲劳感，时间一长，腿将产生麻木感。

但是在人们走路过程中，大部分时候都是一条腿承受重量，另一条腿处于放松的状态。因此，行走时身体的肌肉处于持续的“行走——松弛——行走——松弛”的状态，所以走路要比站着舒服得多。

同时，一些研究证明，和双手平时摇摆相对应，“脚动手不动”身体会多消耗12％的能量；手脚同一方向移动，会多消耗26％的能量。通过这些数据得知，以正常的姿势行走最舒服。

为什么方便面都是“卷发”？

方便面被称作20世纪最具影响力的发明之一，由于它吃起来方便简单，很快就在世界范围打开了市场。大家是否注意到这样一个问题：方便面从开始生产一直到现在都是“卷发”的设计，里面有什么奥秘呢？

方便面之所以要叫方便面，最主要的原因是“方便”。波浪线的设计要比直线的设计更加不易折断，而且波浪线在垂直方向上远比直线承受的重量大。同时，波浪线的设计能够进一步压缩内部空间，节省出大量的空间，携带也更加便利，节约了资源。在我们吃面的时候，不管你使用叉子还是使用筷子，弯曲的波浪设计比直线要方便得多。如果是直线的设计，则容易滑落，但是波浪线就方便多了。另一方面，波浪卷的面条，可以充分地和热水接触，让面条对汤水的吸收达到极致，充分满足我们的味觉需求。

在方便面面饼制作的过程中，有蒸煮这个步骤。如果面条是直的，面条之间会不断地交叉叠加，蒸煮的时间也会相应地增长，同时蒸煮过程中面条非常容易粘在一起。但是弯曲的面条，中间有很多空隙，非常方便蒸汽均匀地分布。另一方面，在面条的油炸过程中，卷曲的面条能够与油充分接触，提高了相应的油炸效率。

在煮面或泡面时，卷曲的面条更容易熟，原因是接触面积大，吸水效率高。人们对泡面的等待时间也就是三分钟左右，如果超过了三分钟，那么人们的耐心就会下降，所以厂商在制作时会把这些因素也考虑在内。

为什么打喷嚏时会闭眼睛?

打喷嚏时为什么习惯性地闭上双眼，这是一个极其有趣的事情。

打喷嚏属于人体自身的一类防御性呼吸反射。打喷嚏过程中，脸部的几百块肌肉都将获得充分的放松，然后双眼将自然而然地关闭。打喷嚏以深吸气为起点，接着膈肌猛地收缩，产生一阵极其有力道的呼气动作。这个过程中，人的嘴巴会张开，一阵气体将由口鼻喷射，因此将一阵一阵地打喷嚏。

一方面，打喷嚏过程中，需要极大的能量把气体驱逐出来，肺里面、口腔里面、鼻腔里面都会产生很大的压力，如此强大的压力能够让喷出的气流达到160千米/小时的速度，达到三四米远。假设这种情况下你的双眼是睁开的，那么喷嚏的强大压力将有很大的概率使泪腺管受创，更甚者可能造成视神经损伤。因此，为了保护极其脆弱的双眼，在人类进化期间，我们的大脑自然而然地产生了这种保护性的本能。

另一方面，不仅仅是膈肌与肋肌这些呼吸肌要猛地强烈震动，颈部、脸部、额部这些肌肉都将要缩紧，这一过程导致双眼闭合的眼轮匝肌同时收缩，由于它和面部肌肉一起以面神经为支柱，就自然而然地闭上眼睛。打喷嚏时神经系统需要彻底集中，只有这样才可能进行一系列打喷嚏活动，而且闭上双眼还能够降低外面环境的打扰。如果在你就要打喷嚏时，一个人拍你或者做出扰乱你的其他动作，这个喷嚏失败率会极高。

为什么打哈欠会“传染”？

如果你在教室里上课，会发现一个非常奇特的现象：一个同学打哈欠，他周围的人很快就会开始接二连三地打哈欠，你可能也会忍不住要痛痛快快地来上一个。为什么打哈欠会“传染”呢？

生物学家的观点是，人在打哈欠过程中，大脑急切需要得到氧气补充，打哈欠就证明你的大脑已经缺氧了。而它“传染”的原因是，处于房间的所有人或许那一段时间大脑都需要氧气来补充。

当然，打哈欠“传染”最主要还是受到外界的影响，这和看到别人吃饭自己也会产生饥饿感一样。当我们注意到身边的人捂着嘴打哈欠时，自己会同样产生疲倦感，渴望借助打哈欠来提升精神，事实上那时候我们并没有太大的困倦感。

根据一项调研得知，大部分对打哈欠几乎没有抵抗力，极其容易被“传染”的人，也经常习惯性地把自己假想为别人。调研时志愿者们首先看了一个有关打哈欠的片段，最后有40%左右的志愿者都开始打哈欠。然后调研人员立刻对他们展开移情能力调查，最后结果表明这些人得分又是极其高。他们不但对于打哈欠没有抵抗力，在浏览视频时对里面的情景也没有什么抵抗力。

打哈欠是人自然而然的一种表现，是人大脑缺氧的本能反应，而且这种反应非常容易受到外界的扰乱。

为什么皮肤会“冻”得发紫?

在冬天天气非常冷的时候，我们站在室外，时间长了，脸上或者手上都被冻得发紫，这是怎么回事呢?

红血丝指的是脸上的毛细血管扩大而造成的一种皮肤状态，脸部的毛细血管扩大以后能够让脸上展示一种“红脸”的状态，这样的人在冬天很容易就会脸色发紫。因为毛细血管张开后，在寒冷的空气里被冻，无法闭合，血液的流通被阻塞，就会形成一个个小的血斑，皮肤就会呈现紫色。

毛细血管较为正常的人会由于冬季气候寒冷，暴露在空气里的皮肤被寒冷的空气刺激，时间久了，皮下小动脉出现痉挛收缩，形成血液瘀滞，造成一些组织缺氧，致使组织细胞被损害。损害刚开始是像蚕豆或指甲盖一样的紫红色肿块或硬结，周围都是红色，中间青紫，非常对称地从四肢的远端开始，在手背和手指伸侧、足缘和足趾伸侧、下肢、脸庞、耳郭这些地方最多。具体表现为身体的这些部位有胀痛感，瘙痒，碰到热水或者温度升高更加严重。

被寒冷空气侵袭后，被冻的皮肤会变得苍白， 严重时会红肿、瘙痒、麻木、起水疱、溃烂等。这些症状会持续1~2个月，一直到天气转暖才会好，部分患者在次年冬天到来时，将会在以前的位置复发，这就是我们常说的冻疮。中医解释是，冻疮是因为暴露的皮肤无法抵御寒冷、寒邪侵犯，气血运行变缓而导致。此外，还和患者体质不好、不耐寒冷和缺少运动及过度劳累这些因素有关。潮湿能够提高体表散热速度，所以手足多汗的人也容易出现冻疮。

为什么蚊帐是白色的?

在平常的生活中，我们所用的蚊帐大多是白色、粉色这些比较浅的颜色，而黑色非常少见。为什么人们都喜欢用浅色蚊帐呢？

蚊帐在我国有悠久的历史，在很久以前就出现了不同形状和不同材料的蚊帐。蚊帐的功能也不仅仅是限制在防蚊子上，还可以起到遮蔽的作用。但是在某一段时间里随着科技的进步，蚊帐陷入了一定的困境。目前随着蚊帐材质以及外观的改良，还有人们环保意识的提高，蚊帐又重新“热”起来。那么到底什么样的蚊帐好呢？这些是人们所关心的。

现在市场上大多是浅色蚊帐，不是因为黑色生产不出来，而是另有原因。蚊子这个生物非常奇怪，它总是喜欢藏在隐蔽的地方，比如黑暗的角落。大部分的蚊子很少在白天咬人，原因就是蚊子害怕光线。如果使用一个黑色的蚊帐，蚊子都会聚集过来，见到一点空隙就会飞进来吸血，那么蚊帐就失去了它应有的作用。

如果蚊子飞进蚊帐里，在浅色的蚊帐中，我们可以很容易地看到蚊子的位置，但是黑色的蚊帐让蚊子和它融为一体了，再想逮到蚊子就变得困难多了。

现在的市场上，白色等浅颜色更容易和家里的装修融合在一起，显得清新，让人心里感觉到凉爽。太浓的颜色会让人觉得压抑，感觉原本就热的天更加热了。

什么颜色的汽车最安全?

根据有关的科学研究发现，车主在选购汽车时，会挑选哪一类颜色的车，和车主的职业、性格有着非常大的联系。可是澳大利亚的相关调查机构就汽车颜色以及交通事故做了相应的研究，最后得出结论：撞车等交通事故和汽车的颜色有着极其重要的联系。

在汽车遇见紧急危险时，一些车会减少最终的肇事率，但是另一些车则会提高肇事率。深色的汽车发生事故的概率要远高于明亮的汽车，这是什么原因呢？

第一，汽车的颜色具有热胀冷缩的特性，颜色能够区别为亮色和暗色两大类。而且，白色、红色、黄色这些亮色的视觉效果要远远好过暗色。这是由于有区别度的颜色让相同的面积产生了大小相差的感觉。亮色的车会让人感觉稍大，具有膨胀性质，被称为膨胀色。相反地，暗色这类收缩色则让人感觉比较小、模糊，特别是黄昏以及阴雨蒙蒙时，不太引起人们注意，所以暗色车辆事故率较高。

第二，颜色具有进退的特点，就是人们说的前进色以及后退色。亮色会让人感觉离自己近一些，属于前进色。但是暗色看上去相对较远，属于后退色。前进色的效果要远远超过后退色，让人感觉稍微近一点，车主会较早察觉到危险的到来。

那么，到底应该选择什么颜色的车呢？有些人感觉应该是红色，原因是红色更加吸引人。这么说也有道理，但是开着红色的车上路，并非是最安全的。原因是人们经过长时间的行程之后，红色将影响驾驶员对颜色较淡事物的观察，很容易导致司机视觉疲劳。科学研究者在对1000多辆不同颜色的汽车进行调查以后发现，白色对于光线反射率更高，更易于识别，安全性最佳，事故率也最低，是最佳选择。

为什么人们一激动就喜欢把人抛向空中?

在很多的比赛后，当获胜的消息传来，人们最喜欢做的一件事就是把教练或者队员抛向空中。这个极有意思的举动，其真正来源是什么呢?

据说，这种特别的活动来自英国，最初是耶稣复活的节日里的一种庆祝仪式。那时候的形式是，拿出一把椅子，让一个人坐在上面，接着人们把椅子高高举起来，用这种形式来代表耶稣复活。

后来，许多国家开始学习、借鉴、模仿这种奇特的仪式。在完成了一些重要的事情后，内心极其澎湃的人们就会不由自主地把老大或者领导抬起来高高地抛向空中，流露的是发自内心的激动以及对领导者的尊敬、崇拜。还有一点作用就是，通过这种刺激的举动来释放自己内心在过去一段时间所聚积的强大压力。

对于小朋友来说，这种行为还是应该尽量避免去做。原因是小朋友的动作协调性不足， 有时即便是成年人也有失误的时候。曾经在日本，有一名年纪不小的男人升官了，手底下的人就把他抬起来抛向空中来表达心中的祝贺，但出乎意料的是，在下落时众人没有接住他，直接落在地上摔死了。

因此，大家在做这种危险动作时必须注意安全。

“剪刀石头布”有必杀技吗？

剪刀石头布，这是大家从小玩到大的一种游戏，在日常生活中经常会出现。大家都有一种看法就是，猜拳的输赢最主要就是依靠自己的运气。

以前的赛局理论说，如果玩家不按规律随机出拳，那么双方平局或者输赢的概率各占一半，这一种方法被称为“混合策略纳什均衡”，发现者是美国数学天才——纳什。

可是最新的结果是浙江大学研究团队发现的。浙江大学数学研究员王志坚找了360名学生，把他们分成6组，随机分配进行300轮猜拳游戏，赢的学生会得到些许人民币作为奖励。借助把每一轮结果都记录下来并研究学生活动中所用的方法，他们发现了赢家以及输家出拳的套路。

猜拳想要获胜的关键是：假如你这一次使石头获胜，而对手用的是剪刀，那么接下来你会不由自主地用石头，那样就错了，你需要的是用剪刀，原因是对手用布的概率会比较大。王志坚提出，如果能够尽量不落入“赢了就保持，输了就换另一个”的思维，不根据上一局的输赢来对下面的动作做出决定，及时观察对方是否会遗漏这个思维就有很大的概率取胜。这一种方法被叫作“条件反应”，以前被忽略的原因，或许因为实验的样本量不够大。

身份证号有什么“玄机”？

公民身份证号码属于特征组合码，包括17位数字本体码以及1位校验码。

如果给我们一张身份证，那么我们一眼就可以看出这是男是女，但是如果只有一条身份证号码，那么你还能认出来是男是女吗？事实上，表面极其明白的18位身份证号码里面蕴藏着非常多的信息，身份证号码与我们每一个人的住址、性别、民族、姓名、出生日期等信息紧密相连。在18位身份证号码里面，第1～6位表示我们的出生地址，第7～14位表示的是我们的出生时间，第15～17位属于我们的顺序码，第18位属于校验码。

顺序码：顺序码是指在同一个区域里面，对同年同月同日生的人编定的顺序号，通常情况下，顺序码奇数为男孩，偶数为女孩。

校验码：最后一位校验码大部分是以前面的一串数字为依据，经过某种算法运算取得的，机关人员通过校验码辨别身份证的准确性。但是还有一些号码的最后一位校验码是“X”，这是什么原因呢？原来，借助这个校验算法取得的结果或许是10，假如用10当作尾数的话，身份证号码就成了19位了，不符合国家标准。但是X表示罗马数字10，用X取代10能够确保身份证的数字达到国家制定的标准。

在已经被停用的15位身份证号码中，除了出生日期是6位，以及没有校验码，其他的都和18位身份证号码一样。

喝茶也会“醉”？

一个人喝茶喝多了会“醉”，这是什么原因呢？

茶碱是茶的主要成分。茶碱属于一种中枢神经的兴奋剂，太浓或者含量过多都非常容易导致“茶醉”：血液流速加快、呼吸短急、引发很多的不正常反应，导致人身体里电解质平衡错乱，进一步激发人身体里酶的活性，造成代谢不正常。

茶里面能够导致“醉”的东西是它的咖啡因以及氟化物。有的人在持续喝几杯浓茶后，会出现过敏、睡不着、头痛、恶心、站立不稳、手足颤抖、精细工作效率下降等情况，其实这主要是太多咖啡因导致的。茶醉严重的人会出现肌肉颤抖，心律错乱，更严重的会出现惊厥、抽搐，这属于中枢神经系统散发的危险信号，需要马上送医院抢救。茶叶里含氟量大，在人体内不断积累，超标以后将导致人逐渐慢性中毒。最明显的症状是牙齿变色以及缺损，四肢脊柱骨骼以及全身关节疼痛，浑身没有力气，严重时肢体功能出现障碍，骨骼以及关节变形甚至瘫痪。

喝酒使人醉，饮茶一样会使人醉。而且茶醉大都是在肚里没食儿的情况下，又喝了太多的浓茶造成的，所以更痛苦。茶醉的时候，头晕耳鸣，全身乏力，胃里面感觉虚弱，好似有一些东西储存在里面，从胃到喉咙不断翻腾，想吐又吐不出来，严重者还会口角流沫，形象狼狈。

解茶醉的方法很简便，仅需喝一碗糖水或吃一块糖，等一段时间就会消除。因此有的时候肚子里没有食物，盛情难却不得不喝茶时，先喝一碗糖水或嚼几颗糖块，一般就不会出现茶醉的情况了。

鼻涕不能轻易“收回”？

有人讲，自己一辈子未曾吃过鼻涕。可实际上，每个人或多或少都吃过自己的鼻涕。主要原因是由于鼻涕经鼻腔直接流向咽部，人们根本没有察觉。

大部分时候，人的鼻腔黏膜不停地在分泌黏液，目的是使鼻腔黏膜和吸进的空气保持湿润。这种黏液没有危害，属于一种防御物质，作用是抵挡流动在空气里的粉尘以及细菌。然而，黏液经常会粘住从空气里吸入的粉尘、微尘以及微生物。假设黏液粘上了损害身体的颗粒，把它吃掉一定会对身体产生危害。

鼻涕包含非常多的“营养”，而且非常温暖，对细菌而言是非常好的“温床”，特别是在感冒时，鼻涕里包含非常多的细菌，这样的鼻涕大部分呈黄色或者绿色。所以，想要维护自己的健康，在不妨碍鼻涕自动流入咽部的情况下，对于能够掌控的鼻涕，最好不要随便“回收”。

另外，通过口腔排出鼻涕，口腔也属于人体里面最脏的部位之一。口腔温暖而湿润，又有持续进入口中的食物，为细菌的生长打造了很好的环境。大部分时候，正常人口腔里的细菌超过300种，同时牙齿上的残垢里几乎全是细菌。科学家讲，1毫克的齿垢里面就包含超过10亿个细菌。由此可知，养成刷牙的好习惯很有必要。

为什么运动后会肌肉酸疼？

经过一阵剧烈运动后，肌肉往往会出现酸疼的感觉，有时还会严重到全身不能动弹。

肌肉酸疼分为两种：一种是运动后马上就有酸疼感觉，不过消失得也很快，这被称为急性肌肉酸疼；另一种并不是运动后马上出现酸疼，而是出现于运动后几小时或者睡一夜觉过后才有感觉，同时去得也非常慢，两三天才可以全部去除，这一类酸疼被称作延迟性肌肉酸疼。两种酸疼出现的原因并不一样。

急性肌肉酸疼，一般是由于运动量太大，缺少氧气，导致肌肉里面乳酸大量堆积。乳酸属于一种酸性物质，能够刺激肌肉里的神经末梢，出现疼痛感觉。而且乳酸堆积在肌肉里面将导致局部渗透压过大，这样就要将旁边的水分吸过来，导致肌肉水肿，这样肿胀的刺激也是造成肌肉酸疼的原因。

对于这样的症状，运动过后当晚睡觉前尽量自己慢慢按摩一下，洗个热水澡也不错。这样能够让身体新陈代谢速度提高，让肌肉里面堆积的乳酸慢慢被血液运走，肌肉酸疼就会得到缓解。假如当天没有立即采取措施，第二天将出现肌肉酸疼，到时候再想做处理效果都不理想，只能等它慢慢恢复。

为什么肌肉会出现延迟性肌肉酸疼，现在还未得到统一的观点。有人说是肌纤维经过长时间运动后出现一些撕裂，有人说是肌肉的结缔组织出现一定损伤，以上这两种说法还缺乏相关的实验材料证实。因为这些原因导致的肌肉酸疼，最好是对酸疼的肌肉展开一些伸展拉长的运动，或去做做按摩和针灸，就能减少这种肌肉酸疼。

运动后出现肌肉酸疼，说明你的锻炼水平还无法适应当前的运动量。要是坚持下去，常常锻炼，让你全身的机能达到一个新的高度，就会慢慢适应，相同的运动量将不会让你有肌肉酸疼的感觉了。

当然，假如这些办法都不能恢复，就要想一下会不会是肌肉、韧带拉伤，需要尽快去医院检查。

水温掌控好，洗衣没烦恼！

每个人都知道用洗衣粉洗衣服，可是如何让洗衣粉的洗衣效果达到最佳的状态，这就要求我们知道一些洗衣要领。这里面最重要的一个洗衣技巧就是洗衣水的水温要求。

一些洗衣粉厂家打出广告——“冷水速效”。可事实上这种说法不符合化学规律。一些夸张的宣传说：水越凉去污效果就越好。在冷水里面，酶这些活性物质不能被很好地激活，这样就不容易达到速效效果。当然，水温如果太高也没有什么用。一般情况下，假如属于含酶类的洗衣粉，添加30℃~40℃的温水最为恰当，可以更好地维护酶的活性。

水温掌握好对洗衣有以下效果：

第一，可以使洗涤剂溶解度更高，因此能够得到浓度比较高的洗涤液，提高去污能力。

第二，可以提高洗涤液的溶解能力，进一步提高对污垢的溶解。

第三，可以提高洗涤液的乳化作用，能够把较弱的污垢在高浓度洗涤液的作用下，较快冲洗干净。

第四，因为洗涤温度的增加，让污垢与织物一起受热，污垢分子以及织物分子的运动，降低两种物体的黏结牢度，同时又有高浓度洗涤液的表面活性剂的作用，污垢比较容易脱离织物载体。

不同的衣服所适合的洗涤温度也存在差异，所以需要按照衣服的质地以及污渍的性质进一步选择恰当的水温。比如，衣服沾上血渍这些带有蛋白质的污渍，最佳的方法是选择冷水来洗。原因是热水将把这些污渍进一步强化地渗入衣服。假如衣服属于毛、丝类衣服，热水则会使衣服变形，有的甚至会导致褪色。

眼睛也会怕“吵”？

如果问什么是聪明，大部分人都会说是智力发达、记忆力以及理解力强。事实上，“聪”指的是耳朵的听觉灵敏，“明”指的是眼睛的视觉灵敏。不仅耳朵要好用，眼睛也要好用，这才叫聪明。那么，人的耳朵和眼睛有什么关系呢？它们的确有紧密的“内在”联系。在声音传输到人的听觉器官——耳朵时，同样借助大脑的神经系统，传输到人的视觉器官——眼睛，声音太大将导致人的整体视觉功能下降并且紊乱。噪声在破坏人的听力的时候，同样对人的视力造成影响。

噪声对眼睛的影响主要如下：

第一，噪声将导致人眼对光亮度的敏感性下降。在噪声强度达到90分贝时，视网膜里的视杆细胞对光线的敏感度逐渐降低，辨认弱光反应的过程也变长。在噪声达到95分贝时，大约五分之二的人瞳孔变大。在噪声大约有115分贝时，眼睛对光亮度的适应性下降超过20%。

第二，噪声还会导致视力清晰度稳定性的降低。当噪声达到70分贝时，视力清晰度回到稳定状态至少需要20分钟；当噪声达到85分贝时，则最少需要一个多小时。

第三，噪声能够让眼睛丧失对运动物体的对称性平衡反应。噪声能够刺激神经系统，让它产生抑制，长时间生活在噪声环境下，将导致神经衰弱。例如很多乘务员对于运动物体的对称平衡反应敏感度越来越低，同时迟钝比例增加。

第四，噪声同样会导致色觉、色视野产生异常。

在生活中，噪声对视力的破坏非常常见。在嘈杂的环境下看书，眼前的字迹将逐渐看不清楚。在极大的噪声中买东西，将导致心情抑郁，眼花缭乱地选差以及买错东西。我们在生活中要尽可能地避免噪声环境，尽可能消除噪声，给人们一个健康的生活。

咬紧牙能缓解疼痛吗？

在很多英雄电影里，我们都能看到一个很常见的场景，烧红的匕首，慢慢地切入被子弹打到的伤口处，淡淡的烟升起，但是没有麻药，没有其他的麻醉手段，仅仅是嘴里边咬着一根木棍，或者两排牙齿紧紧地咬在一起。

但是这种方法真的能够缓解疼痛吗？疼痛时，牙齿紧紧咬在一起，这是神经反射而引起的肌肉收缩，同时能够把疼痛者的疼痛意识给分解。在疼痛时，假如满脑子里面想的全是“疼”，这样下去疼痛就会增加，但是紧紧地咬住牙关或者放声大叫，让注意力得到充分的分散，疼痛就会减弱，这主要是心理作用。

还存在一种可能，我们觉得疼痛时，一般都不想放声大叫以此来引起其他人的注意。但同样，个别人会想要凭借喊叫来获得别人的同情以及安慰。对于那些不愿意引起别人注意的人，紧紧地咬住牙关还可以帮助他们紧紧闭上自己的嘴，防止由于疼痛而大喊大叫。一般男性可能会做出这样的举动，因为他们觉得喊叫会丢失男人的“风范”，感觉自己毫无战斗力。这种情况是相对于那些比较爱面子的人而言的，通过分散注意力来减缓自身的疼痛。

为什么伤口愈合时会发痒?

大部分人都会有这样的感受，在身体的某个部位被划破后，过了一段时间伤口部位感觉奇痒难耐。有医疗常识的人都明白，这是伤口马上就要长好的一个标志。确实，不用多长时间伤口就完全好了。

那么问题来了，什么原因导致伤口愈合过程中会奇痒难耐呢？这和人的皮肤组织有关。人的皮肤有多个层次，位于表皮的最底层细胞叫生发层，它拥有极强的生命力，可以持续地生长繁殖，表皮损伤的浅伤口是依靠生发层才恢复的，神经没有受到刺激的情况下，这种伤口恢复的过程中，大部分都没有痒的感觉。

创面比较大，深度达到真皮层的伤口恢复时大部分有痒感，这是由于比较深的伤口恢复是由一种新的组织补上去的，这一类新的组织被称作结缔组织，新生的血管以及神经全部需要长出结缔组织。这么多刚长出的血管以及神经挤在一起，刚长出的神经非常容易受到刺激，由于神经极其敏感，痒感就会产生。

人身上不同组织的再生能力各有差异，再生能力最差的应该是神经组织，在伤口恢复的时候出现较晚，通常在神经就要长好的时候，也是伤口就要长好的时候。那时候刚长出的神经末梢以及血管都长进了结缔组织，一些地方知觉也慢慢获得恢复。因此，那时候伤口就会觉得痒。

伤口有痒感只是暂时的，不需要特意做什么其他的处理，随着时间推移，伤口的痒感将慢慢消失。伤口有痒感时最好别搔抓，不要用衣服摩擦，也不要用热水烫洗伤口，以防止痒感上升而导致伤口感染，拖延伤口的恢复过程。

为何是“上”厕所，“下”厨房？

平常生活中，我们大多喜欢说“上厕所，下厨房”，可未曾听人说过“下厕所，上厨房”，原因是什么呢？

“上厕所”这一说法和人类原始社会时期很长时间的穴居生活紧密相连。在那时候的居住条件下，要是把厕所放到所居住的洞穴下方的话，厕所里面的味道向上飘散，对洞里面的环境有非常大的破坏。想要把异味阻挡在外面，那时候的人们就将厕所搭置在自己居住洞穴的上方，所以就有了“上厕所”的说法。就是现在一些新农村地区，厕所还是建造在离住宅比较远一点的猪圈里面，个别的还被建造为上下两层。上层是猪圈以及人进入厕所的门，下层设计为一个大粪池。到了现在，厕所仍然位于上面一层，因此还是保持了“上厕所”的叫法。

“下厨房”这一说法是以前人们居住的正厅大部分比地面高，有阶梯，而厨房的位置比较低。不仅如此，另外一些研究说，在古代大多是女人进厨房，那时候的中国属于男权社会，女性的社会地位非常低，被当作男性的附属品。因此，一般女性所做的烧饭做菜这些行为在那时候被看作又脏又累的活儿，属于低等次的人才会做的事。由于这些，不管是从厨房的位置，还是社会文化的角度，才出现了“下厨房”的说法。

白色的鞋子洗完用卫生纸包住会更干净？

在平常生活中，有人会在刷好白色的鞋子之后用白色的卫生纸把鞋子包起来晾晒，这样的方法可以使鞋子不变黄，这是为什么呢？

在我们洗衣服刷鞋子时，不可能洗得没有一丝杂质，在水分里面还溶解有不少的脏东西。在晾晒后衣服上或者鞋子上往往会出现黄色，这些黄色本质上就是那些脏东西在空气里面与氧气混合作用后产生的物质。

在晾晒过程中，首先被蒸发掉的水分是表层的，鞋子的内部水分含量远远超过表层，水分从里往外流动。同时，水里面溶解的脏东西也将伴随水分的流动在鞋子最外面聚集，水分被太阳晒干后，脏东西就残存在了鞋子外层。如此一来鞋子的外表就会有些许发黄，尤其是白颜色的鞋子。要是用白色卫生纸把鞋子紧紧包裹起来，脏物质将残留在外面的卫生纸上，这就是为什么卫生纸会发黄，但是鞋子看起来就比较干净一些。

晾鞋的时候，有白色卫生纸包裹能够抵消一定数量的阳光照晒，这样鞋子的质地也可以得到一定的保护。

为什么没有“星期七”？

人们大多认为星期日是一个星期的最后一天，也是第七天，所以应该叫作“星期七”。其实，在国际惯例中星期日是一个星期的第一天，并不是第七天，因此不能称作“星期七”。

拉丁文文献中，星期日是指“太阳日”，即每周的第一天，对人来说极为重要，因此要与另外六天有所区别划分，所以称作“星期日”。

根据《圣经》中的记载，上帝在前六天创造世界与人类，第七天休息。最早信奉《圣经》的犹太人认为，第七天是星期六，所以把星期六叫作“安息日”，在安息日这天人们不能工作劳动，要休养生息，敬拜上帝。因此，在早期的基督教信仰被人们所接受信奉时，许多国家都开始星期六放假休息。

《圣经》中规定“安息日”不能工作劳动，而“礼拜日”又要去教堂敬拜耶稣，所以一周两天需要休息，渐渐地就形成了“一周五天工作日，两天休息日”的制度。

“鸡毛”和“蒜皮”有什么关系？

日常生活中，人们常用“鸡毛蒜皮”来形容无关紧要的小事或是毫无价值的东西，那么“鸡毛”和“蒜皮”之间到底有着怎样的关系呢？

据民间传闻，很久之前有两家邻居，东边的一家以卖鸡为生，西边的则以卖蒜为生。两家人的生活都不富裕，卖鸡的一家要早起拔鸡毛，往往会把院子中弄得鸡毛乱飞；卖蒜的这家也要早起剥蒜皮，常会弄得满地都是蒜皮。平常并没有什么，可如果一刮风，就出了大事，每当刮东风时，东家的鸡毛就会吹得西家院子里到处都是；刮西风时，西家的蒜皮又会被吹进东家院子去。两家常因这些事而争吵不停。

又一次狂风过后，两家的矛盾激化，卖蒜的与卖鸡的打了起来，都身负重伤，两家便打起了官司。县老爷一看竟是为了“鸡毛”和“蒜皮”被风刮到对方家的小事，便对他们说：“这等鸡毛蒜皮的小事也来衙门打官司！每人赏十个大板，回家反省去吧！”自此以后，“鸡毛蒜皮”的说法便四处传开了。

“鸡毛”和“蒜皮”都是微不足道的东西，因此“鸡毛蒜皮”便用来指代那些无关紧要的东西。

Part 2

科学知识：原来科学如此有趣

在加油站能打电话吗？

长时间里，人们对于加油站里面打电话能不能引起爆炸存在很大的争议。那么，加油站里面是否真的可以打电话？

一些人认为，人们在打电话的过程中会有微弱的火花出现，进而使空气中的汽油燃烧、爆炸。更有传闻，在其他国家已连续出现好几起民众在加油过程中忽然有人打电话，导致空气中汽油爆炸的惨案。

首先我们需要承认，在细致研究有关事件以后，截至今日，由于打电话而造成加油站发生爆炸的事故几乎没有。打电话造成加油站爆炸的认识，最主要原因是加油站张贴的警告使这种观点进一步加强。

从理论上讲，手机的确能够引爆可燃气体。原因是手机发射以及接收的信号属于空中无线电波（射频电磁波），它可以让接收无线电的天线产生射频电流，这类射频电流在金属导体中环流时，极易在接触不稳定的地方（如锈蚀间隙）产生放电火花，然后造成爆炸。同时，以金属为材料的油罐、管线也具有无线电接收天线的功能，同样可以感生射频电流，产生电流的电压小的有几毫伏，大的有上万伏。这个过程中如果油罐、管线以及其他静电没有正常接触地面将引起放电，甚至爆炸。

最后要提醒大家的是，大部分加油站使用的是电脑操作加油，高强度的手机信号在一定程度上也将造成一些设备的错误感应，不利于设备安全运转，造成计量失误或导致产生别的一些无法预测的安全事故。

当前，虽然在加油站打电话而导致爆炸的事件非常少，可理论上打电话确实具备触发点燃汽油的隐患。可能不会爆炸并非意味着一定不可能爆炸，因此在加油站里大家尽量不使用手机。

为什么耳机线爱缠在一起?

耳机经过细心的折叠，缓缓地放进口袋里，怕的就是它乱了，胡乱地缠在一起。但是等一段时间拿出来，它还是胡乱地缠在一起，这是怎么回事呢?

因为耳机线里面是热塑弹性材料制造的金属丝，同时长宽比例几乎完全失衡，造成它非常容易发生弯曲。耳机线有时候也会以金属丝为中心出现扭转，这样导致了耳机线在结构上最少有三个维度的不平衡。

最重要的是，耳机的顶部还要分成两段，方便绕到脖子上。大概能够粗略地认为，耳机线任何一次形状发生变换，都涉及三条耳机线的变化，极其麻烦，真的是“乱麻里的乱麻”。

要是我们将耳机线随意地放到口袋里，它会伴随着身体的晃动不断摇摆，同时接受口袋四周的压力以及摩擦力。由于有复杂的力学作用，它需要把自己控制在某一种固定状态，来抵消其他不同的外力。

这个时候，缠绕就起了重要作用，通过这样的方法能够在材料性质不变的状态下极大地提高结构的稳定性，缠绕得越紧密，强度就会变得越高。

因此，耳机线这种拥有九维向量的物品，会通过缠绕来达到目的，总会缠在一起。

为什么电脑键盘上的字母不按顺序排列？

大部分刚开始用电脑的人，打字时都不是太快，原因是他们要花费很多的时间去找到需要的字母。如此情况，就会有人抱怨："电脑键盘上的字母怎么不按顺序排列？那样的话我就能够加快速度了。"

为什么电脑键盘上的字母毫无顺序地排列着？最主要的原因是历史因素。

字母键盘最先使用在机械打字机上，机械打字机是在1868年由美国排字工克里斯托夫·拉森·肖尔斯研制的。在人们使用打字机时按下字母的按键，与此对应的长杆发生坠落，长杆上安装的字锤将隔着色带击打在纸上，在纸上打下字母印记。这个技术的发明，直接终结了"活字印刷"时代，很多厂家立刻引进、生产。

没多长时间，这个打字机就出现了问题。因为肖尔斯的字母键盘是按字母顺序排列的，操作者的按键速度极其快，靠近的两个字母的长杆以及字锤常常缠到一块儿，造成操作不能进行。肖尔斯没有办法，找到自己的数学家妹夫帮忙。妹夫给他的建议是打乱字母顺序，把经常出现的字母隔离。肖尔斯听从了他的建议，问题最后被处理了，最终"QWERT"顺序排列字母的键盘就代替了"ABCDE"键盘。

个别人曾主张用其他顺序，在1888年的打字比赛里面，一个名字为麦古瑞的法庭速记员牢牢记住了"QWERT键盘"的顺序，凭借最快的打字速度获得了胜利，社会舆论开始极力维护这一类键盘顺序。最终，电脑生产者直接引用了机械打字机的字母键盘，我们现在用的电脑键盘中的字母也就是毫无顺序的了。

自从电脑被发明，键盘排序有过多次修改，都失败了。一方面，生产者存在先入为主的理念，不想为了改变键盘字母的排列顺序而更换它的配套设施。另一方面，消费者在了解这类键盘后，经过练习，打字速度得到提高，逐渐停止了对混乱的字母排序的抱怨。

遭遇紧急事件应该发短信，还是打电话?

遇到地震、恐怖袭击、城市骚乱等一系列紧急事件时，通常大部分人在潜意识里将打电话求助，可是打电话并非一个正确的选择。原因是在大部分情况下，电话没有办法接通。在我们遇到大规模的突发事件时，非常多的人一起打电话，常常将发生通信拥堵。我们通常所使用的手机等工具的信道有一定的容量，这个容量被占满就会有打不通电话的情况出现。正常的生活里，相同时间内一起使用通信资源的人并不多，仍然处于信道的承载范围内，因此每个人的电话差不多都能够毫无障碍地展开通话。可当通话服务急速增加时，因为信道拥挤，将会出现电话无法连接，不能立即求助的问题。

因为电话无法连接，发短信就变成了一个最佳的选择。短信远远要比通话更加便捷，需要的通信资源不多，比较方便送达。同时短信属于异步传输，如果一次无法成功发出去，将不断地重复发送，虽然会延迟，成功率将非常高。

当遇到群体性突发事件时，通话资源缺乏，发短信将成为更加简单，更容易成功的选择。

为什么银行卡密码是6位？

我们留意下就会发现，银行卡密码都是6位数字，也只能有6位数字，这是为什么呢？

银行卡密码为6位数字有一定的依据。

第一，以数学组合理论为依据，如果密码数为6位，因此将能构成90万种密码，这完全能够满足如此大的人口基数对各种密码的需要。

第二，以记忆规则为依据，人对数字的瞬间记忆，大部分以6位数字为界，超过6位的数字记忆起来就比较困难了。人们关于6位数字的记忆将自觉变化为3+3或者2+2+2的记忆手段，例如886644一组数字，能够非常简单地记为886-644，或者88-66-44。要是再多出一位数字，记忆就会变得混乱。

第三，以数字记录习惯为依据，平时人们记录日期的时候，大部分喜欢使用6位数记忆法，例如1992年2月26日，平时记录成92-02-26，这样的习惯也对银行密码设置产生影响。大部分人把自己或者他人的生日，或者较大的纪念日当作密码也都是出于这个原因。

第四，从密码安全性来说，6位数字很难被破解，因此相对来说也很难丢失。要是使用4位数的密码，密码排列的类型将减少，安全性能会被拉低。如果使用7位8位还有更多位的密码，即使可以增加密码种类，提升安全性能，可也增加了记忆难度，密码的丢失率就将增加。

设置密码和人的生活经验以及记忆模式相联系，6位数密码无论是在安全性能还是记忆规则，或是需求量大等方面都可以获得最大满足，所以银行卡大多使用6位密码。

为什么面粉容易爆炸？

在面粉厂里，到处都张贴着禁止烟火的警告，这不是怕烟灰掉进面里，而是怕引起爆炸。粉尘爆炸属于面粉加工业比较大的一项危害。面粉粉尘，是由原料在加工的时候受动力因素影响而飘浮到空气里的粉尘。面粉粉尘属于可燃性物质的一类，研磨变为细小颗粒后，表面积无限增加，在浓度达到一定的程度后，遇到烟火等爆炸源将产生极大的爆炸威力。

那么，面粉粉尘发生爆炸大概要达到以下三个要素。

第一，粉尘的浓度要达到一定的标准，差不多面粉粉尘爆炸浓度最少也要达到9.7克/立方米。

第二，要有充足的氧气，让粉尘以及氧气混合达到一定的比例。

第三，有火源，面粉粉尘最低着火湿度和尘粒包含的水分、灰分紧密相关。水的含量高，能够降低以及阻碍粉尘的爆炸，并可以黏结提高粉尘粒度，粒度超过10微米，大部分不会发生爆炸危险。但是，对于面粉加工厂来说，绝对不可以让面粉里面含有较高水分以及灰分。

最近几年，我国有关机构增加了对面粉厂粉尘处理问题的关注度，特别是在2014年8月2日昆山一家汽车零配件打磨抛光车间发生粉尘爆炸，以及2015年台湾游乐场粉尘爆炸案发生后，更是进一步加强了工业粉尘治理。

现在，面粉厂粉尘治理办法，大部分都是利用真空吸尘系统设备以及厂家车间结构的合理设计来最大限度地降低粉尘爆炸发生。一般不主张面粉厂采用除尘器，因为这种设备对粉尘进行治理时，很容易造成桶舱爆炸。

为什么轮胎是黑色的?

你一定也有这样的疑问：见到的汽车轮胎，颜色全部都是黑色的。为什么不是白色、粉色、彩虹色?

事实上，对于这件事有人在一百年前就提出来了，也经过了激烈探讨，事情的结果是大家又自觉地选择了黑色。

大家可能想不到的是，世界上制造的第一条轮胎是白色的，原因是白色属于橡胶的本色。1894年别克车轮胎就是白色的，同时非常光滑。

可后来有个轮胎厂有意将轮胎制作成极具特点的颜色——银灰色，他们询问了纽约的一家化学公司希望获得银灰色的轮胎，那一家化学公司就绞尽脑汁加入黑色以及红色的原料同时试图利用涂料来修改颜色。但是，出乎人们意料的是，最终他们仅仅成功研制出黑色的轮胎，并且这类黑色的轮胎添加了我们目前轮胎厂仍使用的炭黑原料，而在整件事里面最重要的就是他们发现加入炭黑材料的轮胎使用年限比以前的天然橡胶白色轮胎长了四五倍。这一发现让人们开始使用黑色轮胎。

轮胎生产的过程，不仅只有橡胶，还添加了一种黑色材料——炭黑，轮胎变成黑色也是这个原因。炭黑和橡胶掺在一起，使橡胶变得异常坚固。虽然在技术上已经可以生产出别的颜色的轮胎，可制造过程非常复杂，成本也高。

目前的轮胎包含着30%的炭黑成分。伴随轮胎工业的进步可能还会出现其他原料来取代以前的原料，或许将生产别的颜色，米其林已经研制了世界上首条彩色轮胎。

就自行车而言，无论从速度还是载重上都没有太高的限制，因此在设计轮胎的过程中它能够随意添加某种成分或染一些颜色来达到炫目的效果；汽车轮胎的要求就比较高，对轮胎性能设计的要求较高，所以世界上的汽车轮胎大部分是黑色。

为什么要用“红绿灯”？

红绿灯是日常生活中经常用到的一种交通信号工具。对于这位老朋友，我们也有很多的疑惑，为什么信号灯是红绿色而不是其他颜色呢？

这要谈一谈红绿灯的起源了。19世纪初，在英国的约克城，红、绿装象征着女性的不同身份，结过婚的穿红色衣服，没结婚的就穿绿色衣服。随着工业化进展，英国伦敦议会大厦门前的路上交通事故频发，因此有人在“红绿装”的启示下开始把“红绿灯”当作交通信号灯。

红绿灯的出现不是一下就确定的，它经过了长期的改进才定型，并且直到目前我们仍然在用。为什么要用这两种颜色？这里面有着奇妙的科学原理，红色光的波长非常长，具有很强的穿透力，而且更加突出，更加吸引人的注意，因此红灯成了禁止通行的信号。黄色光的波长比较长，穿透能力也较强，因此被当作警告灯使用。绿色灯作为通行信号，原因是绿色与红色之间有着非常大的差别，容易辨认，穿透能力也比较强。

如何优雅地测量一只猫的体积？

随着生活水平的提高，养宠物的人越来越多，这其中猫的数量是最多的。但是有很多人想知道一件事情：猫的体积是多少？该怎么测又不让猫发怒呢？

想要测量猫的体积非常困难，因为猫的表面凹凸不平，凹陷以及缝隙该如何计算呢？有没有什么标准呢？这里有几个方法让大家借鉴。

第一种方法：找一根直径固定的毛线，使用恰当的力量在猫的身体上缠绕一遍，每个部位都要包裹住，并且不能出现重叠。毛线和猫的身体接触的内表面积涵盖的空间的体积看作猫的体积。这个测量方法有两点需要注意：一是毛线的直径，它直接影响凹陷与缝隙到底算不算到体积里面以及形状的标准。毛线能够放进去就算，放不进去就不算。二是缠绕时候所用的力量，决定了猫的边界。力量大，猫的体积相应就小；力量小，猫的体积相应就大。凭借改变毛线以及力量的大小，能够操作测量猫体积的精密度。

第二种方法：把猫放到一个盒子里，在盒子中找到几个固定的点。盒子壁上安装尽可能多的激光灯，盒子的材质必须采用感光材料。想要确定哪一个点是猫，哪一个点不是猫，就让全部的激光点射向目标点，如果目标点是猫，激光点就因为被遮挡而无法让对面的感应器感应到，所以我们可以根据这来判断猫的体形。但是这样就把猫身上的一些空隙以及凹陷的地方也算到了里面，所以我们需要一个解决办法，就是随便取两个点属于猫，两点中间的线段上的点都是猫的，这样测量就和真猫的体积一样。

电灯泡吞入口中不能取出来?

电灯泡如果吞到嘴里，还能不能拿出来呢？其实能不能取出来，主要取决于一个关节——颞下颌关节。

颞下颌关节可以说是全身最复杂的关节，原因是这地方不仅要讲话，还要咬东西。说话要求轻巧灵活，咬东西又要求坚固结实。想要适应这种精致的要求，颞下颌关节逐渐进化成了目前这种不仅可以转动，还可以滑动的复合关节，全身上下仅颞下颌关节能够这样做。

通常情况下，小于2厘米的小开口，关节就在自己窝里打转。大于2厘米的大张口，关节将向前滑，如此一来嘴巴张开就可以达到4~5厘米。这就是大灯泡能够放进嘴里，但没有办法再按照刚刚的路线拿出来的原因：放入灯泡时嘴完全张开，有4~5厘米。但向外拿灯泡时，因为它在嘴里挡住了关节充分前滑，因此这时关节就无法达到最大状态，或许仅仅能张开到3~4厘米，因此灯泡就出不去了。

有些人去做实验证明灯泡能够进能够出，也可能是这个人的颞下颌关节功能非常强劲，也可能是骨骼非常清奇，的确是有机会把一个表面已经非常大的灯泡塞到嘴里，又完完全全拿出来。

结论是：大灯泡放到嘴里无法拿出，是真的；大灯泡放到嘴里，最后拿出来了，也是真的。任何一位实验者的嘴巴都各具特点，可是不主张普通人去尝试。

吊扇掉下来会削死人吗？

日常生活中，夏天如果没有空调或者想要环保，那么吊扇是少不了的。但是当吊扇在头顶转来转去的时候，我们都有一个担心：如果吊扇掉下来了，我们的头还能不能保住呢？会不会直接就是身首分家呢？

为了证明吊扇会不会把我们的头给削掉，一系列实验展开了。第一是使用黄瓜作为实验对象，吊扇非常轻松地就把黄瓜给削成两半，极其干脆利落。第二个实验对象是鸭掌，拿出一个鸭掌放在准备好的地方，在吊扇靠近并击打过后，鸭掌在表面上看不出有什么大问题，只有一些皮被打出白色的道道。但是再去摸它的时候，就感觉已经没有原先那么坚硬，有点柔软了。

根据相关的研究，风扇掉下来是不可能直接把人的头给削掉的。但是也不排除偶然事件。在我们的脖子上面有非常多的肌肉，并且肌肉非常肥厚。在这下面有颈椎和韧带，强度以及柔韧度都非常好，把头直接削掉不可能，但是能够把脖子里的大动脉给割断，这个概率相对较高。如果电线老化导致电线漏电，这样更危险，直接就让我们和世界说再见了。

平日里我们还是要小心应对，即便是割不掉脑袋，那么沉的一个吊扇砸到头上也是不得了的，如果大动脉被割断更会直接威胁我们的生命安全。所以希望大家经常对吊扇进行检查、维修，以免发生问题而后悔莫及。

一夜白头是怎么回事？

人真的会一夜之间头发全白吗？春秋时期吴国大夫伍子胥遭到楚平王追杀，逃跑时头发一夜之间全部变白，并借此逃过一劫。事实上，“一夜白头”的现象非常少见。如果真的要给一个解释的话，那么最恰当的原因就是：由于某种外力致使毛囊里面的色素细胞突然大量死亡导致的。

根据相关的科学研究得知，人体的头发本身就是白色的。但是实际上我们的头发有不同的颜色，为什么呢？因为头发的毛囊根部生活着非常多的色素细胞，色素就是由这些细胞产生的，因此人的头发就拥有了自己的颜色。不一样的人群头发的发色也各具特色，这和种族差异导致的色素种类各异有着很大的关联。同种族人的头发有着略微的差异，则是和色素的含量以及色素细胞的活性有着很大的关系。等人到了中老年时期，色素细胞慢慢衰老而死，数量也是逐渐减少直到消失，所以人们的头发发色才有了由黑到灰白再到全白的一个过程。

记忆可以移植吗？

记忆移植就是将一个有记忆能力的生命体脑中的记忆移植到另一个生命体的脑中，这听起来让人难以相信，可有科学家曾经做过很多实验来证明这是能够实现的。

1999年2月，美国亚拉巴马大学心理科技研究中心进行了一个实验，输入记忆的人是由于车祸破坏了大脑平衡的中学生凯利，输出记忆的人是业余体操冠军西尼尔。

完成芯片植入后的凯利，可以做出完美的体操动作——伸腰、踢腿、跑跳、空翻……没过多久，记忆开始减弱，一星期后，他认为自己目前不能做出一个标准的体操动作了。可是，动作的协调性还是比以前好，但把芯片拿出来以后，凯利又恢复了以前的样子。

1997年4月，人类历史上的首次记忆切割移植，在美国加利福尼亚大学的动物神经研究所展开。

一条经过充足训练的德国纯种牧兰犬，被叫作“天才”，理解人意识的能力非常强，脑子里都是充足的情绪记忆。这次移植的属于综合记忆——运动、情绪、形象、语词、逻辑等，被看作记忆区域的整体移植，也属于大脑部位移植规模最大的一次。

为了最大可能地降低排异性，被移植对象就是“天才”的亲弟弟——

“白痴”。自从它出生，就被封闭起来，未曾与外界有过接触，没有人对它进行过一点点训练，能够被称作“记忆空白”的动物。

手术后，奇迹出现了：“白痴”睁开眼一下就在人群里面认出了自己的主人，并对主人的指令极其听从，而被换过的“天才”则再也认不出自己的主人，没有一点反应。

心碎是一种什么感觉？

心碎，仅仅在词语层面能够当作伤心痛苦达到了极深的地步。那么，心碎的感觉究竟如何呢？心碎实际上属于胸痛的一种，憋气或者呼吸急促的感觉。根据科学的解释，心碎属于一种不算复杂的病症，被称为“心碎综合征”。

“心碎”属于一件极其痛苦的事情，可它却并非不好。从某种程度上说，它属于身体的一类自我保护机制，能够保护心脏减少或者避免来自高水平肾上腺素过度刺激而造成的危害。

研究人员对此还展开过一项特别的实验。他们向麻醉过的小白鼠体内打入很多的肾上腺素。最后发现，小白鼠的心脏没办法和从前一样在受到肾上腺素刺激时心跳马上加速，而会降低自身的供血能力。即使这样或许将造成急性心力衰竭，可大部分能够在几天或几个星期后得到恢复。

根据小白鼠的案例，能够推断，“心碎”能让心脏避免由于肾上腺素水平过高而承受过量刺激，从而或许将产生一种保护心脏避免进一步受到严重伤害的功能。

“心碎”不只属于情感世界的一种感觉，更属于身体对于外界阻挠的一种抵抗。表面痛苦的心碎，实际上也受到时间的限制，通常在数周或数月后，病人的痛感将慢慢消失，同时不会有任何后遗症。

为什么打针前要推掉一些药水?

打针在日常生活里极其常见。在打针过程中，常常见到一个动作，在打针前护士会先将针筒里的药水推出来一点儿，原因是什么?

这是为了保证治疗安全。在护士抽药水的过程中，为了调整剂量，有时候是想将小瓶里的药水都吸干，针头可能会吸一些空气进去。因此在打针前，必须要把空气全部推干净。缺少这个动作，会将空气以及药水掺起来注射到体内。那么，把空气注射到体内有什么危害吗?

将空气注射到体内，将产生什么不良反应，这和注射空气的量以及注射到哪里有直接联系。量越多，影响就越大，要是只有一点，可能不会有什么感觉，也不会产生严重的问题。打防疫针时，通常是把药水注射进皮下或皮内，要是带着一点空气，会比一般情况下感觉疼一些，其他的也没有特别大的影响。要是将空气一不小心注射到血管中，问题就大了。原因是注射的空气将跟着血流不停前冲，如果遇到口径不大的血管，空气泡被阻挡住时如同一枚瓶塞子一样把血管塞住。如此一来就阻挡了血液的流通，妨碍它运输氧气以及养料的功能，进一步导致有关身体组织出现缺氧以及营养不良的状况。要是注射了大量空气进去，将产生更大的影响。如此看来，打针看似是一件非常普通的事，但要是处理有偏差，也将带来很多问题。

为什么飞机上禁止使用手机?

飞机起飞之前，一定会听到空乘人员提醒大家把手机保持关机或者调成飞行模式。那么为什么要把飞机关机或者调到飞行模式呢？

1996年7月11日，中国南方航空公司由上海飞往广州的一架班机中，由于几位乘客在飞行过程中使用移动电话，飞机差一点偏离航向，导致严重事故。根据相关的统计，在最近几年世界范围内每年出现20起以上类似的飞行事故，所以世界上非常多的航空公司都有个规定，飞机飞行过程中不可以使用手机等通信工具。

飞机行驶在高空的时候，像地面的汽车一栏，有着固定的路线，整个行驶时间内都要被地面的航空管理人员指挥。在高空，飞行员在驾驶飞机的同时，还要用飞机上的通信导航装备和地面进行联系。飞机安装的导航设备都利用无线电波进行导航，它收到地面发出的信息后，就可以得到飞机的准确位置。要是飞机航向发生了偏离，自动的驾驶系统将马上进行“纠正”，让飞机正常行驶。

但是这个时候，如果飞机上有人使用移动电话，它的电磁波将对飞机上的设备产生影响，让飞机自动操作系统接到错误的信息，展开错误引导，造成危险事件发生，更严重的可能机毁人亡。

不仅仅是手机不能用，笔记本电脑、游戏机这些电子产品都将产生辐射电磁波，所以这些东西也不允许在飞机上使用。

为什么吃音玻璃能消除噪声?

吃音玻璃事实上就是隔绝噪声的玻璃，它也不是真的能把噪声吃掉。那么，为什么吃音玻璃能消除噪声？

首先介绍一下噪声的危害，噪声对于人类的正常生活有着严重的影响。孕妇如果长时间生活在50分贝以上的噪声环境中，将会造成内分泌系统失调。如果噪声更大，待的时间更长，将会导致血压升高、胎儿缺氧缺血，甚至胎儿畸形或者流产。噪声的恶性刺激，对我们的睡眠质量也有非常大的伤害，将使人产生头晕、记忆力减退、注意力无法集中以及恶心、胃痛等症状。营养学家的研究表明，噪声还会造成人体维生素、赖氨酸消耗速度提高，对健康有很大的破坏。

那么，吃音玻璃如何“吃音”呢？吃音玻璃是由一种高级材料制作的，事实上“吃音”就是把噪声隔绝在屋外，使噪声不可能通过玻璃跑到屋里面。这一类玻璃要是安装到靠近街道的房子上，街上的噪声如果达到40分贝，等传到屋子里面时就仅仅剩20分贝甚至更少。每一块玻璃里面都有着层层的屏障阻隔，噪声经过每一道屏障的时候都将减弱分贝，让玻璃的隔音效果达到最大。

这些玻璃可以安装在体育馆、歌舞厅、电影院等不同类型的娱乐场所或学校、图书馆等学习场所。

为什么很多汽车的前窗是倾斜的?

行走在大街小巷，会见到各型各式的车。如果细心观察，便会发现，不管是小型汽车，还是大型货车，车窗都是倾斜的而不是直立的，这里面又有哪些道理呢?

这个需要以光学为依据进行分析：挡风玻璃属于透明玻璃的一种，不是彻底的一点反射也没有。借助反射成像的原理位于驾驶员后面的乘客能够看到驾驶员的影像被投射到前方。小轿车相对矮一些，这时候汽车的前窗就如同一块平面镜，车里面的人以及部分物品都被投射到前面窗户上，显示出一个相同大小的虚像，会对司机造成干扰，加大交通事故的发生率。如果挡风玻璃放置为倾斜状态，反射的影像将呈现在车的上方，驾驶员眼前没有了车里面人或东西的影像，对视觉的判断就不会产生影响，提高了安全度。

大型汽车的高度相对来说要高得多，驾驶员的视线要远远高于路面行人，这时即使车内乘客被挡风玻璃反射成的影像呈现在车前方，可是位置要远远高于路上行人，同时不太明亮，所以对驾驶员的视觉判断没有多少影响。

倾斜安装可以使汽车的美感增加，同时达到一些减速的效果。直立的玻璃会让人感觉行驶速度比较快，对司机的视觉影响较大。

坐过山车时，哪个位置最恐怖？

坐过山车时，各路帅哥美女被吓得放声大叫。那么，到底哪一个位置是最为恐怖，最令人忍不住尖叫的呢？

大部分人或许脱口而出，肯定是第一排的位置了。在最前面，一切东西也都看得最明白，因此让人感觉最恐怖。事实并不是如此，过山车最恐怖的位置是最后一排，在过山车急速下降过程中，里面的秘密就显现了。

当过山车努力向上面爬坡时，前面的座位越过顶点将向下行驶，但是最后一排的仍然在向上爬坡。这个过程中，过山车因为要拖着后面的座位前进，速度还比较慢，但等到最后一排也达到顶峰的时候，车子就开始加速，但现在车子已经走了一半，第一排几乎都到了半坡，就是再冲也不可能冲得太远，而真的完全享受了从顶点到终点强烈冲击过程的，是最后一排。

下次再去坐过山车，一定要根据自己的想法选好位置，如果想得到最大的刺激，那么最后一排值得尝试。

为什么看久的字就不认识？

日常生活里，可能很多人都会遇到一个极其怪异的现象，正在写字或者看书的时候，如果盯着一个字看得时间久一点，自己或许感觉这个字无论如何看都不像或者不认识了。这到底是怎么一回事呢？

这属于一种神经疲倦问题，此类现象不只是在认字的时候出现，我们的听觉、嗅觉等也会出现类似的神经疲倦问题，有时或许将致使感官抑制。例如，香水的味道过一段时间就消失了，噪声慢慢也会习惯。事实上，香水味和噪声并没有消失，仅仅是由于我们的神经疲倦了，慢慢习惯了。

汉字属于表意文字，包括偏旁部首多个部分。在人们对一个字死死盯住一会儿后，出现神经疲倦现象，最终对这个字失去了整体感，更进一步对这个字的读音以及意义的记忆将变得模糊。

以色列海法大学心理系教授鲁斯·基姆奇经过研究得到了一个结论，对于元素较少的图案，我们将先对一个一个的元素进行了解，对于整体的把握就会晚一点。但是对于多元素的图案，对整体轮廓的把握将更加容易，接着才是对个体的把握。此外对于结构复杂的图案，整体轮廓以及局部元素间的组织关系将一起被感知，可要是盯着的时间多于690毫秒，对整体图案的把握要靠后一点。在一定的程度上，这个理论同样适用于看汉字。

但是这个结论还无法彻底经得住考验，有关汉字的识别过程本身就存在争议。更多的学者认为，认识汉字需要对其组成部分展开特征分析。最具说服力的实验结论是，随着笔画数增加，认识汉字所要用的时间也会增加。

Part 3

经济知识：经济奥秘，超乎想象

为什么拿破仑三世不用银器而用铝碗?

著名的法国皇帝拿破仑三世，是一位非常喜欢“炫富”的人。他喜欢大摆宴席，招待从各处请来的客人。并且，每一次宴会上面用的餐具都是由银打造的，但是唯独他自己的那一个碗是由铝打制的。法国的皇帝，如此显赫的身份为何要用一只色泽暗淡的铝碗，而不用色泽光鲜的银碗呢?

在现代人眼里，拿破仑三世的行为非常奇怪。因为以我们的目光来看，铝的价值是绝对不能和银相提并论的。可是在拿破仑三世的那个时代，金银器物的冶炼以及使用跨过了无数个年头，得到了充分的发展，宫廷里面的银器非常多，极其普遍，这样还怎么能够显示自己的身份呢?

在那个时候铝的冶炼技术刚起步，人们刚刚知道怎么把铝从铝矾土里面提炼出来，炼铝是一件极其困难的事。因此，那时候铝是非常少见的，相应价值也是非常高。对于平常的百姓而言根本就不可能用到，哪怕一些王公贵族也只能看看。

因为“物以稀为贵”，所以拿破仑三世让客人们用银碗，而唯独自己用铝碗，就是想要显示自己的高贵以及尊严。

拿破仑三世的做法属于炫耀性消费的一种，能给消费者带来精神上的强烈快感，就和现在的富家子弟一样，名车豪宅、香槟美酒、名牌着装，这些都与那个时代的铝碗有着异曲同工的效果。

为什么商人会“看人下菜碟”？

商家都有一个本事叫“看人下菜碟”。什么是“看人下菜碟”？其实就是一种对人的歧视，根据每个人的外表、衣着来判断有什么样的消费能力。

古时候的孟尝君把他的食客分为三等，上等与下等食客的待遇是完全不同的，其实就是一种歧视。消费经济学里面也有歧视，我们把它称为“价格歧视”。

价格歧视其实就是价格差异，一般是指商品以及服务的提供者对不一样的接受者提供一样的等级、同等质量的商品或服务，对于接受者们提出不同的销售价格以及收费标准。经营者在缺少准确理由的情况下把一样的商品以及服务对条件不一样的若干买主卖出不同的售价，这就形成了价格歧视。

对于商家来说，价格歧视的行为是为了得到最大的利润。以较高的价格将商品卖出去，生产者就能够多赚一些钱。所以，生产者会最大可能地将商品价格提高。可要是将商品价格提得太高，又会赶走一些支付能力不高的消费者，从而造成生产者利润下降。怎么用一种两全其美的手段，既能够以高点的商品价格赚取富人的钱，同时又能凭借较低的价格赚取穷人的钱，这就是生产者想要获得的最终结果，也是价格歧视出现的最基本动因。

雷克萨斯属于现在世界范围里最完美的日系豪华车，现在中国市场上包含GS300与GS430两款车型。国内雷克萨斯GS300型68.8万的标价与德国市场的标价相比较多了20余万元，超出美国市场的一倍。雷克萨斯GS430在美国市场的标价是51500美元，在欧洲市场标价54200欧元，兑换成人民币均仅仅约40万元。但是同一款汽车，在我国的售价就高达90万元以上。

要想实行价格歧视就要先有市场分割。要是生产者无法分割市场，就只能标出一个价格。要是生产者可以分割市场、区别顾客，同时被分割的不同市场有不同的支付能力，这样企业就能够对不同的群体标出不同的商品价格，尽全力给企业带来最大利润。

作为消费者，钱付多了一定会感觉吃亏了，因此他们有些人可能会抵制商家的价格歧视行为并要求一样的待遇。可是，价格歧视并非受到全部消费者的抵制。要是不存在价格歧视，每个人都一样，事实上也可能达不到让人满意的结果。厂商向顾客收取他们恰好想要支付的价格的方法叫作完全价格歧视。完全价格歧视表面看好像有歧视，可是真实原因并不是。这是由于，在全部价格歧视里面，不一样的有效需求者都可以获得有效的供给，所以从需求和供给相等的程度上来讲，没有一个人被歧视。那些对价格敏感、需求弹性大的一般百姓，要是“不被歧视”，他们将很愤怒。

为什么波士顿的酒店在淡季也不歇业？

对于世界范围内的许多酒店而言，大部分在淡季会选择歇业。但是在波士顿，酒店行业即使在淡季也从不歇业，这是为什么呢？

一方面，从它的城市条件来看，波士顿位于美国东北部，是马萨诸塞州的首府以及最大的城市，也是新英格兰最大的城市。这座城市是美国最古老、最有文化价值的城市之一，建立于1630年。是重要的航运港口和制造业中心、高等教育以及医疗保健中心，是全球性城市。波士顿讲究信誉为主的营业模式，早已打出自己的品牌信誉，一年四季来这里游玩的人数量都比较多，而且比较分散，所以为了给顾客提供更好的服务，酒店在淡季也会保持营业，以达到争取客户或者挽留客户的目的。

另一方面，在淡季时候酒店将推出各种优惠活动，以前由于价格过高，很多工薪阶层或者低收入者很难入住，但是降低了相应的价格后，人们也想去体验一下富人生活，酒店便充分利用了人们的这种心态。虽然没有太高的收入，但至少不会赔本。所以，波士顿的酒店在淡季也不会歇业。

为什么商家热衷于名人代言?

在日常生活中，从电视上以及大街小巷能够看到各种商品的广告，并且大部分商品的代言人都是各领域的知名人物。为什么商家要拿大把的钱去请明星为自己的品牌代言呢?

这是企业销售的策略，比名气，比人气，比身价，比粉丝量。从小公司到大企业，越来越多的产品开始聘请当红影星、歌星、体育健儿等来为自己的品牌做广告。

名人在荧幕上的微笑博取了很多眼球，在人们心中留下深刻的印象，利用名人的知名度来增加新产品在社会上的知名度，通过名人代言来吸引消费者的注意，名人的粉丝量、知名度已经为产品带来了大批的消费者。

名人代言不只是能够增加产品的知名度，还可以把名人在社会上的良好形象嫁接到产品里。消费者对于名人的喜爱会进一步转移到产品里，促使粉丝们去购买，同时对于产品以及企业产生不错的印象。

为什么丰产不等于丰收?

今年风调雨顺，很多农户的西瓜获得大丰收，各个仓库都被填满，一辆辆卡车前来拉瓜，大家都为农场主高兴的时候，农场主自己却一点也高兴不起来。由于今年西瓜丰产，导致各大市场饱和，西瓜的价格比去年低了一半还多。

这一种现象在经济学中叫作“过剩”，又分为“绝对过剩”与“相对过剩”。“绝对过剩”就是指社会上生产的东西在使所有需要它的人都获得了最大的满足以后，仍然存在剩余。“相对过剩”是指在一定的时间与空间范围内，相对于人们的购买能力而言出现的过剩，就是社会的供给超出了具有购买能力者的需求。

绝对过剩的基础是社会生产力的高度发达，非常难以达到。而相对过剩则非常常见，同时在某一行业里面还存在一定的周期性。从生产者的长远经济利益来看，相对过剩的商品不适合无偿捐赠。

经济学家把农产品频频陷入丰收但是不增收的怪圈现象，叫作“丰收悖论”。指农民在丰收年获得的收入却比平常年低，甚至比歉收年还要低的一种矛盾现象，这种现象出现的根本原因就是农产品的需求弹性低及生产周期长。

明白一点说，消费需求对农产品的价格变动反应迟钝。就西瓜来说，尽管今年的价格远远比去年低，但是居民相应的消费需求并没有跟随西瓜价格的下调而增加。价格下调，需求不增，这就导致农户无法通过“薄利多销”来增加收入。并且收获量加大，各大农户之间展开价格战，导致价值不断下降。这就是我们常说的“丰产不等于丰收”。

为什么钻石比水贵？

钻石为什么比水贵，很多人都会说因为钻石数量少啊，其实这里面涉及很多的经济学原理。

价格属于商品使用价值的标志，只是简单地根据水以及钻石的市场价格来判断两者的价值，不太符合市场原则，可是根据总的价格以及总的使用价值来判断两者的价值还是比较符合市场规律的。由于水的使用价值远远高于钻石，所以水的单一消费价格比较低，但是总的消费价格却要远高于钻石。不管是钻石的高价格还是水的低价格，这些全部都是市场自主选择的结果，因为水的使用价值高，市场为了充分利用这一使用价值来推动社会的发展，就自觉地把价格降低，使它的价值得到充分的发挥。钻石的使用价值较低，市场便会自主启动价格机制提高价格抑制消费，同时钻石过高的开发难度，导致供应量极其小，也引起了它的价格上升。但是水的开发难度就相应地小了很多，增加一杯水是一件非常随意的事，因为水资源是丰富的。而开发一颗钻石，难度却大得多。因此，钻石比水贵。

为什么牛奶放在盒子里，可乐却装在圆瓶子里?

差不多全部的软性饮料瓶子，无论是玻璃瓶还是铝罐子，全部为单调的圆柱形，但是牛奶盒子大部分好像全是方形的。因为方形容器可以比圆柱形容器更加充分地利用货架空间。那么，软性饮料生产商仍然使用圆柱形容器的原因是什么呢?

其中一条原因可能是，很多的软性饮料是直接就着容器喝的，因此，由于圆柱形容器拿着更方便的原因，抵消了它带来的额外存储成本。但是牛奶和这些不一样，大部分人不会直接就着盒子喝牛奶。

要是牛奶容器是圆柱形，就将会占用更多的冰箱空间。哪怕大部分人直接就着盒子喝牛奶，成本效益原则也显示出它们几乎没有可能装在圆柱形容器里贩卖。的确，方形容器（无论容器里装哪些东西）确确实实可以节约货架空间。超市中大部分软性饮料都是摆在开放式货架上的，这种架子价格不贵，大部分情况下也没有什么运营成本。可是牛奶就需要特别装在冰柜里，冰柜价格高昂，运营成本同样很高，这些无形之中就增加了很多运营成本。所以为了节省空间，同时保证牛奶的新鲜度，牛奶就被装入了方形的容器里。

为什么许多超市24小时营业？

随着时代发展，越来越多的24小时营业商店开始出现在大街小巷，为什么这么多的超市都要24小时营业呢？

目前的社会中存在很多的夜市，人们白天工作忙，只有晚上有时间出来消费。KTV以及烧烤夜市旁边的超市，每天晚上还会产生很大的销售量。并且卖得最多的都是价格较高昂的烟酒，非常赚钱，有些地域晚上的销量并不比白天差，甚至超过白天。

24小时营业的超市需要考虑如下因素：

首先，需要考虑进货。现在大城市的白天一般禁止厢型物流车进出，因此货物的配送很多都在半夜，超市要留有人员接收货物，在这期间如果保持营业能够弥补一些人力的支出。

其次，考虑房租的成本。由于超市大部分都位于城市里，房租价格自然较高，关门的话就比较浪费，对于商家来说哪怕能多赚一毛钱也不会浪费这个机会。电费与房租比起来就显得微不足道了。

最后，打造良好形象。超市晚上营业会给消费者留下好的印象，增加自己的客流量。如果人们应急需要买东西，看到开门的超市和不开门的超市，自身对超市的感觉也会发生变化。

综上所述，24小时营业的超市会越来越多。

为什么苹果在旺季降价，海边别墅在旺季涨价？

人们对于经济学一直保持着神秘的看法，即使一些经济学家搞了一辈子经济，也如同地震专家无法准确判断地震发生一样，无法预测经济的未来走向和变动。我们平常也很少有人去探索那些高深的经济学理论，更多的人是去关心眼前所看到的现实生活中所接触的现实问题。例如，为何苹果等这一类的商品在旺季的时侯往往会造成价格大幅下降，但是海边别墅在旺季的时候会提高它的价格。这里面有哪些经济学道理呢？

第一，苹果作为我们生活中的一种常见的水果，它的地位说高不高，说低不低。吃苹果没有什么值得炫耀的，但是住海边别墅则不一样。苹果种植花费的成本相对而言比较低，但是别墅的成本就非常高。商品的价值决定了它的价格，也决定了它的品位。如果买了一套海边别墅，那么身价、品位就不一样，就提高了一个档次，这是销售商利用了消费者的心理。

第二，苹果在旺季的时候，往往生产过剩，各地的苹果大王们生产了太多的苹果，但是吃苹果的消费者并没有增加多少，甚至可能会减少。那么这样一来，苹果虽然产量很高，但是市场上的竞争压力非常大，只有降低价格才能让自己的产品销售出去，形成了恶性竞争，都不断地开始降价。但是海边别墅则不一样，海边别墅即使造得再多，也是有限的，经济的发展造就了许多消费机会，这就为别墅提供了非常大的市场以及非常多的消费者。往往会出现供不应求的局面，这样销售商当然不会放过机会抓紧时间赚一把，大幅度地提高价格。

有需求就有市场，我们对于一种商品的需求是对它价格的最好反映，市场时时刻刻都发挥着最重要的作用。

为什么你愿意在楼下买烟?

很多人买烟的时候都是选择离自己最近的小店或者超市，哪怕它的价格比大超市要贵上一点。这是为什么呢，是由于人的惰性还是其他?

平时生活里，我们想要完成个人的交易活动，都需要通过各类的方式支付相应的费用。如果你很喜欢吸烟，即使清楚楼下小商店香烟的价格要超过商场里的价格，可是你仍然选择了楼下小店里的。这个时候，我们或许压根不会考虑交易成本这个理论，但是我们买烟的这个行为它就包含了交易成本。做个明白一点的解释：到楼下小商店里买香烟，即使贵一点，可是你仅仅需要下楼就能买到香烟。如果是去商场，要么需要长时间的步行，或者你需要乘车或者开车，这里面所消耗的时间不是你所想要付出的，这里面会增加很多时间成本。所以在楼下买东西，虽然多花了一点钱，但给自己节约了时间以及精力，相对于大部分人来讲非常合适。意思就是，楼下小商店对于商品定价时，就把你的交易时间成本计算到了里面。

交易成本属于人和人交易过程里必需的成本。对于不同的人而言，他自身的交易成本也不同。在菜市场上能够遇见很多老太太和小商贩为几毛钱而不断争吵。原因是老太太已经退休，她争吵所花费的时间没有其他的用处，要是可以买到价格低的蔬菜，等于减少了自己的生活成本。可要是这件事放到年轻人身上，多花点就多花点吧，争吵的时间还不如自己努力一下多挣点。

可见，是时间成本决定了人们更愿意在楼下买烟。

为什么“一锤子买卖”时有发生？

“一锤子买卖”是什么意思？就是只做一次生意，不考虑回头客的问题，不想着再把产品卖给同一个人。这是一种不良的商业行为，但是为什么在我们这个年代还有这么多的“一锤子买卖”呢？

目前，“一锤子买卖”流通最多的就是楼市、投资这些行业。只要把钱交上，合同签好，那么房子就是你的了，要是想退钱不要房子了，那么大部分的房地产开发商不会理会你的决定。这就是“一锤子买卖”。

在旅游业的“一锤子买卖”更是数不胜数，因为游客们一般一个地方都是只去一次，景点里面充斥着各种小贩，各种纪念品，这些商品只需要一点点的成本，但是在出售时价格却是正常价值的几倍甚至几十倍。这严重违反了价值规律，较低的价值却被卖出了过高的价格。但是买了之后，就算觉得不好，也很少有游客会回去找卖家。

“一锤子买卖”非常多，这是为什么呢？第一，这是国家的政策以及法律的缺陷，对于生产商、销售商的要求很不完善。在这个方面需要国家多进行完善。第二，消费者们在买东西时，容易被销售者误导，在经过一番介绍之后，消费者就不由自主地把钱给掏了出来，心甘情愿买了下来，往往等买过之后才后悔。第三，太多的销售商的销售策略不道德，销售思想落后，存在很大的侥幸心理。

可见，要想制止“一锤子买卖”，需要政府和个人以及商家的共同努力。

囚徒困境：你会是告密者吗？

监狱中关押着两名囚犯，分别被安置在不同的牢房里，两名囚犯都有权利保持沉默。要是双方都不告密，两个人都会被释放。要是两个人全部把秘密透露出来，两个人全部会被处死。然而，要是两人里的一个人说出了秘密，另一个没有，告密者不但可以无罪释放，还可以获得一笔补偿金。

这样的情况下，要是两人全部闭口不言，就全部会被释放。但是如果仅仅考虑自己的利益，告密时就需要承担风险，这一类困境的情况被叫作“囚徒困境”。

囚徒困境属于博弈论中最具有代表性的例子，讲的是个人最佳选择而不是团体最佳选择。现实里的价格竞争、环境保护等，也经常出现这样的情况。单次出现的囚徒困境，与多次重复的囚徒困境结果不同。

对于重复的囚徒困境，博弈被重复进行。所以任何一位参与者都有机会去“惩罚”另一位参与者先前的欺骗。这时，合作或许将作为均衡的结果出现。欺骗的动机这时或许被受到惩罚的威胁所克服，因此或许导向一个不错的合作结果。

囚徒困境的主旨是，囚犯们要是相互合作，坚持不说，能给全体带来最好的结果，但在消息不清楚的条件下，由于出卖同伙能够给自己带来好处，也由于同伙出卖自己能给他带来相同的利益，所以相互之间出卖虽不符合最佳共同利益，但是给自己带来了最大利益。可事实上，执法机构没有能力设立这样的情境来诱使全部囚犯招供，原因是囚犯们必须考虑刑期外的事（比如对方的报复），因此不能够彻底从执法者的角度去行事。

“豆你玩，蒜你狠”是金融炒作？

当今社会，炒作属于一种极其平常的商业技巧，《现代汉语词典》最新版本对“炒作”一词的解释是，为扩大人或者事物的影响而凭借媒体进行反复宣传的手段。我们说的金融炒作，指的是在金融领域，为了扩大金融产品的影响力而凭借媒体进行的反复宣传的手段。在当前的社会中，炒作或多或少都存在一些过分夸张的贬义成分在其中。

2015年6月5日，《浙江日报》刊登的一篇报道写到，同花顺财经A股大数据张贴了一个全国各地人均炒股获利排行榜，上海凭借15.64万元的人均获利排名第一，而且上海散户人均持股市值也从11万元左右飙升到15万元。这个消息的出现，马上吸引了非常多投资者的视线，这些神话一样的数据吸引了很多投资者争抢着杀入市场。但是，根据眼下的股市行情来说，这两个“15万”到底包含多少水分没有任何人清楚。

不只是这一件事，在2010年，中国有一句话很流行，叫“豆你玩、蒜你狠”。在市场经济环境下，绿豆与大蒜这两种极其平常的农产品竟然一夜成名，价格暴涨，变成了人们担负不起的高昂商品。对于这一类农产品不是由于消耗量暴增而价格暴涨的现象，有专家认为，是因为金融炒家们从简单的股市炒作悄悄地转移到了实物囤积炒作，他们让农产品的价格严重超出其价值，并且进一步在里面取得利润，是金融炒作的新兴手段。

我们可以看到，金融炒作即使可以在短时间里大量吸引人的眼球，可长期来看，这样的随意炒作付出的代价将是投资者对金融机构的信任，弊大于利。

Part 4

心理知识：心理怪象，触动神经

人真的能被气死吗?

我们经常会听到一句话：“你要把我气死了！”“人比人，气死人！”真有人会被气死吗?

最近，世界最权威的心脏病专业杂志《欧洲心脏杂志》对“生气能不能把人气死”进行了一系列的研究。研究结果显示，在人愤怒的两个小时里，心脏病发作的概率是一般情况的4.74倍。

当人暴怒或情绪一直都非常低落时，肾上腺系统会产生非常多的肾上腺素以及去甲肾上腺素，导致心跳速度加快，心肌收缩能力提高，血管收缩，血压上升，心脏工作压力加大，使身体感觉极其紧张。而且将导致血脂水平上升并刺激血小板，导致形成血栓，极其容易造成心肌梗死。交感神经的异常兴奋或许也将造成心动过速、早搏、心房颤动、心律失常等，而以上病症都是造成猝死的重要原因。

人们要关注的是，并非全部的坏情绪都只有坏处，对于能够在控制范围内的消极情绪可借助像交感神经活动增强以及神经内分泌变化来展开生理适应性调节，这样不但不会造成抑郁成病的现象，还对肌体动员能量以及保持环境的稳定有好处。

愤怒毒性很强，生气的人交感肾上腺系统的激活程度极其高，对心血管系统的破坏极其严重，因此人可以被气死。

生气有多伤“心”？

《内经》里面有一段文字：“喜怒不节，则伤脏，脏伤则病起。”意思是指生气对脏器的伤害。根据现代科学的方法观察，总是生气对心脏的伤害到底有多深呢？

发表在《美国心脏病学会杂志》上的两项研究表明：喜欢生气、常怀有敌意、重度抑郁的人患心脏病的概率将增加。在对6.3万名女护士长达12年的随访结果表明，得重度抑郁的女性出现心源性猝死的风险比没有得该病的女性要高出两倍。

任何一次生气都将导致我们的心脏跳动速度加快，收缩能力提升，血压提升以及血液变黏稠，造成过多的血液流向大脑以及脸部，而导致提供给心脏的血液变少，心肌缺氧。心脏想要得到充足的氧气供应，只能提高工作效率，因此就造成心跳更加混乱。

而且，生气将造成交感神经的兴奋异常，而交感神经的兴奋异常会造成心脏跳动混乱，让人觉得心慌、胸闷。要是交感神经一直保持兴奋，还将造成心血管病的发作。

生气对心脏的危害非常大，我们不管遇见什么事，都要以乐观的心理去看待。不单是想要拥有一个美丽的心情，更是为了有一颗健康的心脏。

生气时，心脏会出现跳动混乱、收缩加速等问题，这些对我们的身体都有危害，特别严重的会导致人死亡。

指甲刮玻璃的声音为何那么难听?

可能很多人都有同样的感受：当指甲刮玻璃的声音传到耳朵里时，觉得十分难受。什么原因让人们对这些声音这样讨厌呢?

我们首先以人类听到声音的频率为起点开始说。人类听到的声音频率范畴是20~20000赫兹，但是指甲刮玻璃产生的频率可以达到3000多赫兹，这确实能够使人觉得不舒服。可是，我们怎么对钢琴的高音不觉得讨厌呢？原因是弹奏钢琴的声音属于乐音，具有规律性。但是刮擦声属于没有规律的高音，就是一种噪声。

在人们听到声音时，听觉系统首先对那些声音展开分析，接着传给杏仁核，让杏仁核来进行新信息评估。杏仁核的主要作用是制造情绪以及记忆，而且制造恐惧情绪、产生急性反应属于杏仁核的核心作用。在人听到刮擦声时，杏仁核将变得非常活跃，这证明刮擦声和恐惧情绪有联系，刮擦声怎么能引起恐惧情绪呢?

心理学家说，人们讨厌刮擦声或许要从我们的祖先说起。在那个时代，出现刮擦声常常象征着要有特殊的事情出现，大多数这样的事情和伤害以及危险有联系。因此，人们有恐惧情绪根本不需思考，仅仅需要在声音引导下做出反应就行。

指甲刮玻璃的声音不好听，不仅仅是由于刮擦声是噪声，还由于我们的祖先在对于这种声音所做出的应急反应，已经被雕刻在遗传信息里面，一代代传下来。

为什么人们乘坐电梯时总爱向上看?

你如果是一位细心的人，走进电梯的时候，会发现一件非常奇怪的事情，你会不自觉地抬起头看着标注的楼层数。再观察一下旁边的人，会发现几乎全部的人都抬着头注视着显示的楼层数字。这到底是怎么一回事呢?

事实上，乘电梯向上看的举动和我们的“私人空间”存在非常大的联系。我们说的私人空间，指的是在我们身体旁边固定的空间，如果有人走进我们的私人空间，我们将觉得不舒服、不自在。私人空间的范围每个人都不同，一般是前后0.6~1.5米，左右约1米。在拥挤的电车里面我们会觉得浑身不舒服，原因就是有人闯进了自己的私人空间。

电梯属于一个极其狭小的空间。在电梯里面，人和人的私人空间发生交叉，意思是相互意识到对方闯进了自己的私人空间，因此将觉得难受，都想要马上走出电梯这个狭小的空间，向上看属于想尽快“逃离”这个狭小空间的心理反应。注视显示楼层的数字，不仅仅是为了看自己有没有到达自己要去的楼层，在我们迫切要逃避这个狭小的空间时，不断转变的数字使我们感到电梯在移动，使我们觉得自己正在向“解放”前进，进一步使焦急的心理得到缓解。

为什么总有人痴迷于星座运程?

目前社会上最受欢迎的一种"心理学"就是星座了。星座拥有庞大的粉丝量和极高的关注度。无论是电视、杂志还是网络八卦里面都能够看到很多和星座有关系的分析文章，并且浏览量也极其高。

通过星座真的可以判断人的运势吗？根本不能。但是为什么又有这么多的追随者呢？有以下几个原因：

第一，星座解释里面所使用的字词很少有体现负面的、不好的，这从一定程度上满足了人们的心理，有谁对好听的言语不感兴趣呢！这就是星座大师们利用人的心理特征做出的一系列判断，并加入一些自己的推理。

第二，对于星座里面说得准确的内容，人们往往会记忆犹新，但是对于那些一次两次出现但是都是错误的内容，人们很快就会遗忘。这是星座大师利用了人们的记忆与遗忘定律。

第三，算卦的为什么能够未卜先知？这和星座运程的判断是一样的，都是利用了一个定理——巴纳姆效应。巴纳姆效应在1948年被心理学家伯特伦·福勒发现，并且使用了杂技师巴纳姆的名字，相信任何一个人都非常容易相信那些模糊的、概括性很强的话。哪怕这样的描述极其空洞，还是感觉体现了自己的性格，即使自己其实不是这样的。

第四，星座大师们能够根据不同的人做出及时更改，见什么样的人说什么样的话。当然都是以好话为主，让人们心情高兴对星座也越发地接受。同时也会掺入一些坏的消息，让人处于一惊一乍的状态，这样才可以增加可信度。

第五，人们往往对于神秘的事情都非常好奇，出了什么事，全部能够用一些人们自己都无法解释的东西去诠释。这些东西有着自己的神秘性，又让人无法解释，很巧妙地迎合了人们的心理，让人们玩得乐此不疲。

第六，星座大师们在创造星座理论的时候，为星座编织了一整套非常实用的语言系统，这样的语言系统在人们中间非常实用、流行。现在陌生人见面，要是没话说，可能会问起对方的星座，这就成了一个非常实用的话题。“你是什么星座？”“我是摩羯座，你呢？”“我是双鱼座。”然后就是展开一系列大讨论。

“鬼压床”真的有鬼吗?

很多人都有过鬼压床的经历，突然间意识清醒，但是全身无法动弹，这是鬼压床吗？鬼压床真的有鬼吗？

鬼压床在医学上有一个专业叫法：睡眠瘫痪症。人的睡眠周期按顺序排列是入睡期、浅睡期、熟睡期、深睡期，最后是快速动眼期。睡眠瘫痪症出现在睡眠周期里的快速动眼期，快速动眼期属于我们陷入熟睡开始做梦的睡眠周期。在快速的眼球运动睡眠状态下，人的做梦活动加速，身体随意肌停止工作，这一类临时性瘫痪有时将造成患者在梦醒后还是没办法活动。在快速动眼期里，我们的骨骼肌排除呼吸肌及眼肌，全部是保持极低张力的状态。这起到一种保护作用，能够防止我们伴随梦境做出一些举动，而打伤自己或是枕边人。睡眠瘫痪症发作时意识完全清醒，可肢体的肌肉还是保持在低张力状态，进一步导致不听意识指挥的情况。常会由于身体产生异常状况而大脑不能解释，以及恐惧的幻想，产生幻觉现象。

鬼压床在午休以及晚间睡眠期间经常发生。事实上，这种情形和鬼怪一点联系也没有。

睡眠瘫痪症一般出现在刚睡着或是要醒但还没有醒过来时，患者认为自己已醒过来，能够听见四周的声音并看到旁边的影像，可身体无法动，同时说不出话，有时还会产生幻觉。大部分人在这期间会感到恐慌，幸运的是这一类情形大部分在几分钟里会自己逐渐地或猛然恢复肢体的动作。由于还有恐慌感觉，大部分人在醒来之后会感到恐惧，而直接认为是被哪一类不明物体压制才导致的，因此才产生“鬼压床”的说法。

什么颜色的被子最“催眠”？

当我们谈到被子时，脑海里闪出的第一个颜色就是白色，白色的被子不但使人觉得干净整洁，同时还有催人入眠的效果。随着人们对卧室色调的需求变高，目前市面上被子的颜色五花八门，但是最多的当数淡蓝色、淡绿色、米色等浅颜色。

如果告诉你，浅色的被子可以促进人的睡眠，你信吗？有人说，睡觉都是闭着眼睛，被子的颜色对睡眠还会有影响？事实上就是如此，肌肤对色彩有着相同的感觉，与我们用眼睛看有相同的效果。所以就是闭上眼睛睡觉，仍然会受到被子颜色的影响。

基于各种因素的影响，长期失眠的人数逐渐增加。可很少有人认为色彩会与睡眠有联系。我们想象一下，要是盖深红色的被子睡觉，血压持续上升，精神开始紧张，根本就睡不好。相反，淡蓝色、淡绿色等比较浅的颜色，其镇静作用非常明显。所以，被子一定不要用能够让人清醒的颜色。

绿色是生命的颜色，情绪容易紧张、焦虑的人可以用嫩绿、草绿、橄榄绿、青绿、墨绿等颜色的被子，可以很好地放松紧绷的神经，让心境保持安静平和，对夜晚的安眠有好处。

橘色让人觉得温暖，老年人的居室可以选择橘黄色、浅橘色等颜色的被子，可以保持心情愉快，对睡眠有益，改善头痛、失眠等症状。

蓝色属于最冷的色彩，能够使人们想到无限的天空以及海洋，让人有一种镇静并且安详的感觉。高血压、心脏病患者可以选择天蓝、宝蓝、藏蓝、深蓝等被子，对血压和脉搏有益，经常用脑的人士也可以选择蓝色的被子，能够减少工作的焦虑，对睡眠有益。

为什么一看书就容易困?

可能很多人都遇到过这样一个问题——一看书就犯困。我们为什么一看书就要犯困？但是对于那些我们十分乐意去看的书却能做到不分昼夜地看，这是怎么回事呢？

很多人都会遇到这样的事：虽然我们已经非常累了，可是因为不同的原因，还要继续努力看书学习，但是最后都是看不了多久，就趴在桌子上开始迷迷糊糊。经过多次的循环，我们的大脑将自动在看书与睡觉这两种没有任何关联的活动中构建一条联系，在得到长时间的强化后，形成了条件反射，让看书变成了睡觉的原因。

另外有一些人是由于对看书没有兴趣，哪怕他们在看书过程中没有一丝劳累，可是因为抑制性条件反射的干扰，看书过程中的兴奋被压制，进一步造成他们一看书就想睡。

同时，普林斯顿大学教授卡尼曼提出了注意资源有限说。他说需要将注意当成人可以用于做工作的数量有限的资源或能量，同时借助这种能量或资源的分配来阐述注意的机制。能够影响注意力持续时间的原因非常多，例如：能够取得的资源、自己的想法及对搞定任务所花费能量的评价和个人在未来很长一段时间内的意向等。同时注意对象的特点，主体的精神状态以及主体的意志力水平对注意稳定性有非常大的影响。

这些可以说明，当让我们拿起玄幻、修仙之类的小说能整天整夜地看，但是看到专业书就感觉困的原因：是我们情趣所向的小说引起了我们的注意。但是假如明天你有考试，今天你可能将会把专业书看到半夜，也是因为个人意念在这里面。

每当我们看书的时候就犯困，原因是我们在睡觉与看书之间构建了一种条件反射，因此我们最好别在身体劳累时、饭后、睡觉前、剧烈运动后以及情绪太激动时看书。这样就可以很好地战胜每当看书就犯困的毛病。

为什么总是“关键时候掉链子”？

我们可能都有过这样的经历：当走到台上即将演讲时或者在非常重要的考试的时候，大脑感觉忽然断电了，一片漆黑，所有的东西都消失了。究竟为什么每次到了关键时候，大脑就忽然掉链子了？一些人认为，是由于太紧张了，事实是这样吗？

人的记忆有长期记忆以及短期记忆两部分，一般情况下我们使用的是短期记忆。短期记忆无法如同长期记忆一样存储海量的信息，仅仅可以处理正在应用的信息。因此，在我们出席重要的会议或是即将进行一次非常重要的选择时，我们对所要做的事的担心和焦虑将占据我们的大脑，导致无法解决真正重要的事。遇到那种情况，就算有非常多的准备，不能让它充分发挥也没有用。

那么我们如何才能解决这个问题呢？如何才能把我们的短期记忆在重要的时候空闲出来，解决更加要紧的事呢？

其实非常容易，在发言或会议之前，或是没到考试的时候听一首歌，让美妙的歌曲统治我们的大脑。当使用大脑的时候，就拿下耳机，让大脑融合到我们需要的情景里面。要是没办法听歌，就仔细回忆接下来要做的事情的重点，千万不可以把大脑空间留给那些没有用的信息。

我们的大脑无法同时运行很多事，想要在关键时刻不掉链子，就要用各种手段使我们的大脑在关键时刻留有空间，去做重要的事。

为什么"男女搭配，干活不累"？

俗话说得好：男女搭配，干活不累。现实生活里也的确是这样，男女合作的工作效率远远高于单纯的男人群体或者女人群体，除了个别的行业（比如建筑行业等体力过重的行业）。这是为什么呢?

我们将从男女两个不同的角度来为大家解决这个问题。

男人：有女人在身边有更大的成就感

心理学教授研究得到结果，与女同事共同工作，能够使男性觉得非常开心。国外心理学研究说出了这一事件后面的原因：男性比女性更喜欢借助视觉得到异性的信息，容貌、发型等外部特征全部可以吸引他们，对他们的感官形成冲击，进一步带起心理上的愉悦以及兴奋。

而且，男性的表现欲以及征服欲常常超过女性，潜意识中渴望获得异性的赞美以及欣赏。只要获得女同事的称赞，男人们就会获得极大满足，心中的成就感释放了工作带来的疲惫以及压力，因此觉得不累。

女人：和男人一起工作更安全

同样，如果总是一群女人在一起工作，将觉得劳累。大部分白领女性认为，女人心思很细，所以每时每刻要高度警惕。但与男人一起做事，不需要担心一些小事，更觉得放心，更有安全感。

而且，女性的心思要比男人细很多，被同性关注与被异性关注的感觉是完全不一样的。一般同性的评价丝毫不在意，但异性的评价常常会让她们做出很惊奇的改变。获得同事的关注以及赞赏后，女性会认为自己极其优秀、出色。这种心理感受获得满足后，她们就认为有个“奔头儿”，有一个新的努力目标，工作中的委屈以及劳累便会“大打折扣”。

男女之间是异性相互吸引这一原则起着主导作用，男女之间合理地分配会提高工作效率，这一现象值得企业管理人员进一步研究。

为什么有人约会故意迟到?

很多时候，我们可能会认为迟到是生活中一种不可避免的现象。比如，堵车、返回拿东西等，都可以成为迟到的借口。可是你若细心观察，守时的人好像一直都守时，他们每次都有充足的时间，但是迟到的人会经常迟到，他们好像一直缺少时间。对后者来说，无论他们将时间计划得多么稳当，可是他们依然可能还是最后一个抵达约会地点。

针对这个现象，法国心理学家让・皮埃尔・温特说："迟到能够表达很多层意思，可是各类形式的迟到全部存在一个共同点，那就是迟到者让自己由于晚去而'引人注目'。晚到的人凭借迟到感觉高于别人，不用多想，其他人在等待的时候将一直想到自己。"

恋爱时，男女两人约会，女方在约会时一直强调让男方按时抵达，但是自己晚到却是极其常见的事。她们有时有意拖延一会儿，想要瞧瞧男方焦急等待的模样。女方为什么要做这些事呢?

让・皮埃尔・温特解释："晚到的人在做一件引诱的游戏，好像女人和情人约会时故意要迟到。这一类迟到的做法也或许将传达出一种更可恶的态度，就是迫使其他人去想自己。作为迟到者，晚来的人就是想要变成其他人想象的对象。这样的做法实际上属于一种自恋，这样的自恋让他们很难真正去尊重其他人。"女方希望男方时刻想自己，这样的心理不是不对，可晚来的举动却常常是对其他人的不尊重。所以，经常迟到很容易让对方产生反感最后形成矛盾。所以，应该尽量少去做这些事。

为什么会有“夫妻相”的说法？

夫妻相的意思是，两个人在一起生活的时间长了，习惯也是越来越一样了，表情动作互相模仿，最后会越来越像。事实上是由于很大一部分人都珍爱自己，遇见和自己长得差不多的人会觉得比较顺眼，一开始就把对方当作了自己的另一半。

夫妻相有科学根据，生物学家历经很长时间的研究知道，人的基因不会由于吃的食物等而出现较大的变化，但是外貌等第二性征与生活方式存在很大的关联！你平时吃哪些东西，行动如何，心理如何，都可以慢慢地通过你的外貌传递出来。即使这也存在个别现象（外貌很丑但是心灵很美），但是对于大部分人都适合。父母、夫妻由于长时间生活在一起，衣食住行很多方面都相同，而且有的恩爱的夫妻，思想也在慢慢地变得一样，伴随着人体衰老，以前不一样的基因显示的外貌特征，也随着基因功能的减弱，进一步变得被衣食住行等决定的第二性征所主宰。因此有十年生活的夫妻，感情深不深，关系好不好，仅仅在外貌上就能够得到很多佐证。

同时还有一种说法是，外貌上相似度高的异性青年男女，基因的匹配率稍微高一些，他们两者出现爱情的概率更高，但是这种观点不是太明显，还没有得到相关科学的证明。

实际上，夫妻双方越来越像，还存在一个生理原因：两人的生活习惯、饮食结构一样。时间长了，夫妻俩的面部肌肉获得同样的锻炼，笑容以及表情慢慢地变得一样，使以前看上去不同的两张面孔出现了相似的地方。在生理上，饮食、生活习惯一样，还将加大两个人得同样一种病的概率，使其他人感觉“这对夫妻真是惺惺相惜”。

出生先后竟会影响孩子性格?

有兄弟姐妹的孩子将产生什么样的性格特征？在二胎政策被完全放开后，可能将有非常多的家长关注这个问题。以前人们喜欢探讨的是孩子的性格特征，就像“大娃”更成熟、习惯站在支配地位，但“小娃”常常更叛逆、更调皮。

美国麻省理工学院的萨洛韦曾花费了20多年时间去收集历史上很多个出名或者有能力的人物的资料，而且完成了一部640页的作品——《天生反叛》。他说对人们性格产生最重要影响的并不是教会、国家或者本人的经济收入，而主要源于他们的家庭结构以及出生顺序，排行相同的孩子们的性格也更加接近。

然而新的研究表明，萨洛韦的说法根本站不住脚。莱比锡大学的一项新研究显示，研究人员对来自英国、美国以及德国的两万人进行性格调研，最终发现他们的性格与“他们在兄弟姐妹中排行老几”没有关联。

更加有趣的是，他们的调查结果显示，年长的孩子平均比弟妹更聪明一些，年幼的孩子更健康，但是同性恋概率更大。

总之，新的研究说明，出生顺序对孩子的性格没有影响，可是会对孩子的智商、健康以及性取向产生影响。

为什么算命先生能“未卜先知”？

算命先生听起来像是封建思想的残余势力，但在当前很多城市里面，甚至一些现代化的都市里，我们也常常能够在立交桥下、公园门口、人行道边遇见算命先生的卦摊，并且找他们算命的人往往也很多。

即使人们知道算命不可信，是蒙人的，可仍然有很多人喜欢凭借这种方式来预测自己的运程。还有很多人都对算命先生未卜先知的能力深信不疑，认为算命先生所说极其正确。原因是什么呢？算命先生真的可以洞察过去，预知未来吗？

算命先生肯定不像他们自己宣扬的那样“神机妙算”。但什么原因让很多人在心里感到困惑时都愿意去找一个算命先生卜上一卦，并且让算命先生算过之后，自己感觉算得真的很准呢？

其实大多是心理因素导致的。

第一，那些向算命先生求助的人，大多属于极其容易受到其他人暗示的人。尤其是在他们情绪低落、失意时，失去了对生活的控制，心理上的依赖性无限膨胀，比平时更容易受到暗示性影响。

在求助者容易受到暗示的情况下，算命先生仅仅需要使用表达的技巧，熟练地揣摩人的内心想法，弄清楚求助者的需求，求助者马上会有一种精神安慰。算命先生下面再来几句对所有人都适合的话，求助者就非常相信了。

第二，算命先生可以说得这么准确的原因，事实上还借助了人们的一种“自我求证”的心理，将人们带进自己的“陷阱”里罢了。

算命先生常常对人观察得很细致，同时能够利用这些心理达到自己的目的。算命先生问被算命的人的问题大部分都是语意模糊的，原因是语意模糊的问话，常常更容易让人们朝着自己确认的目标去想象。

算命先生就是借助人们的这种心理，给人们传达一些不清楚的信息，让被算命的人自己去想，从而让信息变得具体，使被算命的人认为他们的确神通广大，能够看到未来。

为什么对越亲的人越没有耐心？

当生活中遇到困难或者麻烦时，我们总是愿意听一些陌生人给的意见，而对于家人的唠叨，却总是没有耐心。为什么越亲近越没有耐心呢？

第一，我们有时并没有意识到我们对亲人的期望过高。对于亲人来说，我们往往对“别人”更有耐心，更不容易发火。因为我们假设“别人”是不了解我们的，要取得“别人”的了解和配合是需要充分沟通的。但面对家人，我们的耐心就很有限，因为我们认为家人应该是最了解最支持我们的。

一般来说，确实是越亲近的人会越相互理解和支持。但其实家人并不能在所有的事情上都能点对点地和我们达成充分的理解，这是不现实的，我们自己也并不能够时时理解和支持亲人的需要和想法。相对于不相干的人来说，面对亲人提出的要求和期望，我们感受到的压力更大。这是因为我们心里更在乎他们，不希望他们不开心。

第二，面对亲人，我们往往比较放肆。家庭中，特别是关系亲密的家人之间，是一个相对安全包容的环境。有些时候，我们在外面受了委屈或承受一些压力，没有办法发泄出来，只好到家中进行宣泄。

第三，面对亲人，我们有时会陷入单极思维。单极思维就是我们在不考虑实际情况的状态下，为自己定下一个目标，并且不顾一切地要去实现，不实现就不罢休，死死地纠缠于这个目的，把自己陷入没实现就不能快乐的死巷子中走不出来。

最好的缓解方法就是在和亲人沟通过程中，注意避免省略式沟通，如果遇到了郁闷的事情，把前因后果说出来，哪怕家人没有办法帮到忙，但从长远来看增加了家人之间的互相理解，自己的郁闷情绪也在一定程度上得到缓解。然后再认真地和家人一起讨论实现目标的步骤和方法，如果真的可行，接受家人的建议并努力去做。同时将那些不符合实际的目标和愿望筛选出来，得到家人的理解。最后，在发生冲突的时候，先静心想一想，自己是不是又陷入单级思维，钻了牛角尖呢？自己的要求是不是太主观了？自己有没有考虑到家人的感受和客观实际情况呢？

Part 5

艺术知识：漫步在艺术的国度

福尔摩斯的原型是什么人？

大侦探福尔摩斯作为柯南·道尔小说里面的主人公，真的有这个人吗？事实上，福尔摩斯的原型是柯南·道尔的老师——约瑟夫·贝尔。

约瑟夫·贝尔是19世纪中后期的人物，是苏格兰爱丁堡大学医学部的讲师和外科医生。日常情况下他在学校中授课，没事的时候是一名私人侦探。他的观察以及推理能力很强，常常协助警方侦破案件，《福尔摩斯探案集》里的很多故事情节都出自贝尔自己经历过的事情。贝尔一辈子解决了非常多的重大案件，每次把案子搞定后，他习惯一个人悄悄地躲在角落中，不喜欢炫耀自己，这一性格特点也和福尔摩斯一样。1877年，贝尔挑出一个学生做自己的书记员，让他陪同自己侦查案件，这位学生就是只有17岁的柯南·道尔。

柯南·道尔毕业以后办了一家小诊所，可是几乎没有生意，因此他以为杂志社写小说来挣钱。在创作的时候，他将老师贝尔写成小说里的“福尔摩斯”。1887年11月，以福尔摩斯为主角的第一部小说《血字的研究》出版，得到了很高的评价。

福尔摩斯的原型不只是贝尔一人，还有另一个原型名叫杰罗姆·卡米纳达，一位19世纪末英国很有名气的侦探，他因为头脑冷静、观察敏锐以及推理严谨而出名。他的破案手段以及人生经历和福尔摩斯存在很多一样的地方，柯南·道尔在描写福尔摩斯这个小说人物的过程中，可能也加入了卡米纳达的事迹。

卡米纳达是一位真实存在的神探，在曼彻斯特市的警察局上班，后来也如同福尔摩斯那样，以担任“咨询侦探”为职业。后来的英国《每日邮报》报道：“卡米纳达成为全英知名人物时，正是夏洛克·福尔摩斯被塑造出来的时间。两个人存在非常多的一样的地方，很明显，柯南·道尔假借了这一位真实人物的一些故事。”

和福尔摩斯一样，卡米纳达拥有一张非常庞大的人脉消息网，常常在一座教堂和线人碰头。对于化装术更是精通，曾把自己打扮为醉汉、职场精英等。他的观察力非常好，被叫作“坏蛋的克星”，据说有一次凭借走路动作一下就看透一名窃贼，的确和福尔摩斯有一拼。

卡米纳达一生里抓到的罪犯多达一千多人，而且他还同邪恶惯犯鲍勃·霍里奇斗了20年，最后把他逮捕了。

柯南·道尔以两个真实人物来塑造福尔摩斯的形象，一个是他的医学老师约瑟夫·贝尔，另一个是著名侦探杰罗姆·卡米纳达。他们的性格以及一生中的历程都成为小说的素材，变为福尔摩斯的原型。

电视剧为何又称“肥皂剧”？

肥皂剧又叫泡沫剧，这个词汇最早的来源是欧美的电视剧，因为在晚间，电视台经常会播放一些有趣的短片，没有什么内涵，目的就是为了让大家笑一笑。在这些片段中常常夹杂着一些和肥皂有关的广告，时间长了，大家都用肥皂剧来称呼这一类短片。

在以后的时间里，短片被一直不断地拍摄，变成了我们现在每天都在看的电视剧。现在人们说的肥皂剧大概和以前的意思很接近，可最根本的意思还是有一些偏向贬义，带有一些无聊的意味。

“纯属虚构”是怎么来的？

在我们观看电视剧、电影、小说的时候，在故事的结局常常出现一排字，“本故事纯属虚构，如有雷同纯属巧合”。“纯属虚构”意思就是戏剧创作带有虚构性，情节并非完全真实。要是存在一样的戏剧情节或者案例，只是巧合。通过这来让读者知道，在看剧情时不要有太多的投入，以免造成偏激情绪。

那些虚构的电影、小说、电视剧或许每一位观看的人都清楚那不是真的，但是为什么又要在结尾的时候加上这么一句话呢？

事实上，这一句话是从美国“漂洋过海”来的。美国是民主共和政体，法治国家，诉讼案件极其多，生活中一不留神自己就被告上了法庭。为了避免被灾祸缠住，好莱坞电影大部分都在电影结束的时候，加上“本剧纯属虚构”这么一行字。

因此，在以后的创作中，“纯属虚构”开始在世界范围内被广泛地采纳使用。

美国自由女神像的原型是谁?

自由女神像是美国的地标之一，这一伟大的作品来自19世纪后期一位极具艺术天赋的雕塑家，他的名字就是弗雷德里克·奥古斯特·巴托尔迪。

巴托尔迪在1834年出生于法国的一个意大利人家庭。他从小就非常喜欢雕塑艺术，自由女神的形象在很小的时候就出现在他心里。1851年路易·拿破仑·波拿巴进行政变推翻第二共和国后的一天，一群钢铁意志的共和党人在街头修建防御工事。到了晚间，一位妙龄少女手举燃着火焰的火炬，跳过障碍物，大声呼喊着“前进”的口号冲向敌人，波拿巴分子开火了，姑娘倒在鲜血之中。巴托尔迪当时就在旁边亲眼看到了这一切，很长时间里他的心情没办法平静下来，自那以后这位手持火炬的勇敢姑娘就变为他心里面自由的象征。

1865年，巴托尔迪在其他人的建议下，立志雕刻一座代表自由的塑像，让法国人民捐钱，作为法国政府赠给美国政府庆祝美国独立100周年的礼物。有趣的是，没过多长时间，巴托尔迪在一次婚礼上见到一位叫作让娜的姑娘，让娜外表美丽端庄，仪态万方。巴托尔迪觉得让她来做“照亮全球”的自由女神像的模特非常合适，让娜非常高兴地接受了这个邀请。在打造雕塑的时候，他们两人摩擦出爱情的火花，最后成为夫妻。

所以，原型里面包含着手持火炬的勇敢女战士形象，同时还有一些他妻子的特征。

巴托尔迪因为他过高的功绩而被选成纽约市荣誉市民以及法国荣誉勋团指挥级团员。他于1904年10月5日在巴黎去世，可是出自他手的自由女神像永远传达着人民对自由的热爱以及向往。

凡·高的画为什么生前没人要而死后那么值钱?

凡·高是当今世界极其出名的一位画家，但是凡·高在他生活的那个时代却并不为人们认同，最终抑郁而死。可是凡·高刚刚去世，他的画就开始大幅度地增值，现在更是价格飞升。凡·高的画为什么生前没人要，死后却那么值钱呢?

现在国际美学界都一致认同，凡·高是五百年才出一位的大家，他的艺术表现方式超越了五百年，对当下的现代派艺术产生了深远影响，可说是后印象主义的先驱。但是在那个时候，凡·高被人们看作神经病，这样世界级别的大师作品，并未被当时的人所认可。市场中也不流通，卖都卖不出去。他的画没人要不是不好而是太超前，当时的人们无法欣赏。

但是凡·高死后他的画就开始迅速推广、流通和升值。这里面有一位重要的人物在操作，就是凡·高的弟媳妇——乔安娜。凡·高的弟弟是一位画商，为了帮助哥哥，他收藏了很多凡·高的画，但是根本卖不出去，只是为了帮助哥哥生活而已。凡·高去世后没多长时间，他的弟弟也去世了，弟媳妇接手了事业。乔安娜的经营手段要远远高于丈夫，她展开一系列的画展以及书信回顾展，非常成功地把凡·高展现到了大众的眼里。并且那个时候，印象派表现主义这些先锋流派慢慢变为艺术的主流，展开了一股变革的新潮流。初期从印象派获得营养的凡·高在后期交融了表现主义的手法，特别是根据修拉的点彩法，自己打造出一套可以充分表达情绪的笔触画法。在凡·高作品里面不但情绪感染非常强，同时识别度非常高，又借助乔安娜的不断推广，最后成为“后印象派”这一独立的画风。

同时，凡·高的画真品现在也比较少，因此升值空间以及收藏价值很大。

为什么古希腊雕塑大多是裸体?

在欧洲文化发展历程中，古希腊—罗马时代属于雕塑发展的第一个高峰期，同时裸体雕塑也是这一时代创作的主流，这一时期的雕塑作品大都为裸露的女子以及男子。人们在欣赏古希腊雕塑艺术的过程中，自然而然对他们裸体雕塑的风气感到好奇。而且这个问题已经困扰了几百年来很多的学者以及专家研究者，他们的观点也是五花八门。直到现在，有关的争论还在继续。

一种说法是古希腊的裸体艺术从原始社会的裸体习俗而来，农业社会以前的原始人，尤其重视对男女外生殖器的渲染。原始人把性当成是大自然赋予的生命以及欢乐的源泉，他们把性当成美，把裸体当成美。等到古希腊—罗马时代，裸体艺术就达到了一个高潮，非常有名的断臂维纳斯雕塑就属于杰作之一。

另一种说法是古希腊人体雕塑大多是裸体，是和那时候战争的频繁以及体育的盛行紧密相连的。在古希腊人看来，最完美的人应该是血统好、发育好、比例匀称、身手矫健，对每一类运动都擅长的裸体男女。因为这种思想的原因，裸体雕塑自然就变成了那时候的主流艺术。以艺术规律为出发点，作为三维空间艺术的雕塑，它们最理想的模特儿或许是运动场上的优胜者以及那些健壮完美的肌体。

川剧如何“变脸”？

大家看川剧的时候，最喜欢的，感觉最精彩的应该就是其中的变脸了。川剧中的变脸又是如何变的呢？又有着什么神奇的手段？

变脸的手段大概有“抹脸”“吹脸”“扯线”及“运气”变脸这几类。

“抹脸”，是把化妆油彩抹在脸的某一固定地方，表演的时候用手往脸上一抹，就能够成为另外一种脸色。要是变整张脸，就把油彩涂在额上或眉毛上；要是仅仅变下半部分脸，就把油彩涂在鼻子和鼻子以下的脸上；要是仅仅只变一个部位，就把油彩涂到要变的地方就行。

“吹脸”，仅仅适合粉末状的化妆品，就像金粉、墨粉、银粉等。有的放一个小盒子在舞台的地面上，里面有粉末，演员在舞台上做一个伏地的舞蹈行为，同时把脸靠着盒子一吹，粉末就到了脸上，马上就成了其他颜色的脸。

“扯线”，属于有些复杂的一种变脸手段。表演前把脸谱描绘在一张一张的绸子上，剪好，一张张脸谱上全部系上丝线，然后一张一张地贴到脸上。丝线就系到衣服的某一个顺手但又非常隐蔽的位置（如腰带上之类）。伴随剧情的发展，以舞蹈动作为掩护，一张一张地把它扯下来。“扯脸”具有很大难度，一是粘脸谱的黏合剂不宜太多，防止表演时扯不下来，或者一下将全部的脸谱都扯下来。二是动作要直接干脆，假动作要精巧，要让观众看不出来。

“运气”变脸并不是靠运气进行变脸，这里的“运气”，靠的是运用气功。传说已经去世的川剧演员彭泗洪，在出演《空城计》里面的诸葛亮时，在琴童回报司马懿已经退军后，他可以运用气功让脸从红变白，从白变青，以此来表达诸葛亮心中的害怕。

川剧作为我国的文化遗产，值得我们去探索和继承。

为什么看3D电影会头晕?

3D电影就是立体电影，它最早诞生于1953年5月24日，是美国好莱坞为抢夺电视机前的观众而开发的。就是由于这种和电视机抢夺观众的市场举动，进一步让我们走进了立体电影的时代。

我们都知道去影院观看3D电影必须戴上立体眼镜，这也常常让人们在看电影的时候有眩晕感，那么造成这种眩晕的原因到底是什么呢?

3D电影属于一种立体演示技术，最主要是运用了“偏光原理”，以“立体视”的理论为基础创造3D技术。达到立体视的手段，是两个图像被大脑处理，然后双眼出现深径知觉，进而有了立体视。人类的眼睛不但能够分辨事物的高度以及宽度，也可以看清物体表层的颜色以及明暗程度，同时还可以判断物体的远近程度和物体之间的相互距离。借助这一基本原理，只要针对一样的景象，借助两只眼睛的视角差距，显示出两个影像，使左右两只眼睛都可以看到一边的影像，借助视网膜的投射，就能够让大脑出现景深的立体感。现在每一类立体演示的技术，全部借助了这一原理，我们把它们叫作“偏光原理”，3D电影同样是在这一个原理基础上构建的。

现在的数字3D电影并不对人眼产生伤害，可是有许多人看3D电影常常有头晕的情况，这和自己的大脑感觉有关。因为3D电影画面非常真实，视角的切换太频繁，让人眼持续向大脑输送“自己真的在运动”这一信息，可大脑并未接收身体肌肉运动的信号，所以大脑将有“知觉错误”的矛盾判断，而且人体耳前庭器的平衡感变得混乱，人就会出现头晕以及恶心等状况。

看3D电影造成的头晕不适感是因为大脑的“知觉错误”的矛盾，这种头晕对人体健康没有危害，看完电影只要休息一会儿就可以恢复。要是非常晕，最好摘下眼镜休息一会儿再看。

京剧四功都有什么？

京剧是中国的国粹，腔调最主要的是西皮、二黄，加上胡琴以及锣鼓等伴奏，属于中国五大戏曲剧种之一，同时也是中国戏曲三鼎甲的“榜首”。

京剧属于一种舞台艺术，它的基本功叫作“四功”，包括“唱”“念”“做”“打”，这是京剧打造人物，表达情感的最重要的艺术手法。唱功，主要就是演唱的功力，借助京剧演员的声乐表演制造艺术感染力，流露出戏剧里面人物的心理变化，这是打造人物的重要手法。念功，说的是人物的念白，包含一定的音乐性，和“唱功”互为表里，互为补充，能够把人物思想情感表达得更加透彻。做功，说的是舞台表演的动作技巧，主要是演员的形体动作，偏向舞蹈化，借助演员的手眼、身法、步法传达人物的心理变化。打功，特别指传统武术的舞蹈化，对生活里面的打斗展开细致的艺术凝练。

唱、念、做、打是京剧表演的核心，体现出京剧是一个综合性的舞台艺术，一般是用假的动作体现情感、分享信息，在很长时间的表演实践过程中，最后塑造了一套非常有特点的舞台程式。京剧的表演程式虽然规范但是不失灵活性，非常多的京剧艺术家借助这套表演程式，塑造了非常多的性格鲜明、生动逼真的人物形象，极大地推动了我国京剧事业的进步与繁荣。

为何戏曲艺人又称“梨园子弟”？

我们常常把戏曲演员称作“梨园子弟”，事实上，这个名字最早并非是说戏曲演员，而是说器乐演员。它又是如何一步步成为戏曲演员代名词的呢？

戏曲界被叫作梨园，演员被叫作梨园子弟，这个称号从唐朝而来。谈到原因，需要从教坊以及唐玄宗开始说起。唐代开始出现教坊，是全国最顶尖的培养宫廷音乐人才的部门，在全国各地都有分布，聚集了全国顶尖的歌舞、器乐人才。唐代最有名的是法曲，什么是法曲？事实上就是当下大型歌舞的原型。唐代法曲不但有歌唱，还包括舞蹈，都是用器乐现场伴奏，同时阵容很大，超过几百人，如此高难度的音乐表演平常的艺术团体无法承担。唐玄宗极具音乐天赋，对当时的乐工很不满意，因此觉得自己应该亲自下手，梨园就属于唐玄宗培养乐工的部门。

梨园因为在当时长安禁苑旁边的梨园而获得这个名字。“开元二年，上以天下无事，听政之暇，于梨园自教法曲，必尽其妙，谓皇帝梨园弟子。”梨园子弟全部从太常乐工里面挑选，有几百人，阵容庞大，唐玄宗亲自进行排练。公元714年建立“梨园亭”，让乐工演奏乐曲，宫女习舞演唱，会昌殿是唐玄宗亲自教授的地方。梨园有男艺人三百人，女艺人几百人。男艺人全部从坐部伎子弟里选出来，他们是在长安西北禁苑中的梨园学习。女艺人全部从宫女里挑选出来，她们是在宜春北院学习。事实上唐玄宗教习的都是男弟子，其中器乐人才占大多数。唐玄宗的音乐天赋非常高，他小时候就开始跟着宫廷乐师学艺，可以演唱、演奏、作曲，他写的曲子《霓裳羽衣舞》

现在还在唱。男女艺人在不同的地方练好之后就开始合演，“这丝竹之戏，音响齐发，有一声误，帝必觉而正之”，数百人的表演中，唐玄宗可以听出看出谁对谁错，由此可见他的音乐天赋多么高。梨园子弟其实都是皇帝的音乐学生，每个人都技艺超群。

这里面的职业乐工日后部分流落民间，极大地促进了民间音乐艺术的进步。法曲慢慢发展为歌舞，歌舞又演变成戏曲。戏曲喜欢托古喻今，也是由于原本就做给皇帝看的。梨园，其实是中国第一座国立戏曲学校，同时演变成了现在演艺界的代称。

时间慢慢流逝，元末明初高则诚的一首很有名气的戏曲《琵琶记》有一句开场白：“今日梨园弟子，唱演琵琶记。”这个时候，“梨园子弟”已经开始指“戏曲演员”了。

“梨园子弟”所指人物是一个慢慢流转的过程，经过了几百年的演进，才从指代乐工到指代戏曲演员。

“梨园三怪”究竟有多怪？

清朝晚期，梨园三怪的名号响遍了大江南北。一个是跛子孟鸿寿，一个是瞎子双阔亭，最后一个是哑巴王益芬。只是听这些名号就可以想象出这几人有多怪。瘸子、瞎子、哑巴，三个神奇的人，构成了中国封建社会晚期艺术界的一段传奇。

跛子孟鸿寿，很小就患了软骨病，身子长腿短，头非常大，脚又是极其小，身体瘦弱。但是他不怕苦不怕累，努力练功夫，发挥自己的长处，隐藏自己的短处，最后，变成了戏院抢着要的人，最终成为一代丑角大师。

瞎子双阔亭，从小时候就开始学习戏曲，但是世事无常，在他风头正盛时，两只眼睛由于病痛而失明。但是，大师就是大师，吃别人不能吃的苦，受别人不能受的罪。他没有因为失明而丧气灰心，一蹶不振。相反，他越发地勤学苦练，在台下走路时要有人搀扶，可是一旦登台，他的脚步，步步坚定没有一丝混乱，最终成为一代须生大师。

哑巴王益芬，自从出生就不会说话，家里人都是艺人，戏曲是祖传的饭碗。从小吃喝玩乐几乎都和戏台子分不开，他从什么都不懂的时候就开始趴在戏台子旁边看父母演戏，并把父母的每一个动作都记在心里。即使没有一人教授，他还是一天天坚持练习，一刻都没有耽误，没有荒废，最终成为一代花脸大师。

“梨园三怪”长得怪，但是他们的技艺高超，都堪称“大师”，每个人的成功背后都是无数的汗水。

印度女神为何都是丰乳肥臀？

印度艺术里的女神们，大部分都是掌管生殖以及繁育的女神。她们最重要的职责，就是使土地丰收，万物丰产，果实累累，让人们有东西吃有水喝有衣穿，人口以及家畜兴旺。这些全部都代表了几千年、几万年前人们对生活的美好愿望以及理想，他们渴望在看不到的时空中有神灵在庇佑他们。人们认为，收获和生育紧密联系在一起，同时这些主管收获以及生育的女神和男神的联姻，产生一些性的行为，和作物丰产、人畜繁殖存在紧密的关联。借助释放自己的情欲，对动植物的繁殖有很大的帮助。

从外表来说，人类的身体本身就含有高和深的美感，就像男人有肌肉属于力和美的象征，那么丰乳肥臀就属于女性能够多生孩子的象征。在印度，大神湿婆以及妻子雪山女神让人们供奉为丰产神以及主管婚嫁繁育的神。因为是掌管生育的神，所以雪山女神在印度的影响范围很广，并且她的体态就是丰乳肥臀类型。因此印度人由于对生育的崇拜，而对雪山女神崇拜，最后也影响了相应的审美判断，对于女神的形象也大多是丰乳肥臀的类型。

梁山伯与祝英台竟不是一个时代的人？

梁祝化蝶的美满故事，让无数的恋人产生无限向往。但是，这两个人的爱情故事是来自后人的杜撰还是真真实实存在的？如果这个故事不是真的，那么二人属于一个时代吗？

有史料记载：梁山伯是明代人，祝英台是南北朝人，两人之间有几千年的间隔。祝英台生前是一位侠女，劫富济贫，那时候到马太守家盗银，可最后陷入马太守的儿子马文才的埋伏，被乱刀砍死。百姓为她举行了盛大的埋葬仪式，并在坟前立碑，碑牌的前面雕有“祝英台女侠之墓”，墓上详细记录了她做过的每一件事。随着时间推移，这一块碑慢慢被埋到土里。

梁山伯是浙江宁波府鄞县县官，公正清廉，中年时没有了妻子，一辈子没有后代。去世后，在埋葬入土时刨出祝英台的墓碑，众人怜惜的同时又不忍心把祝英台的墓碑拆除。但给梁山伯选择其他的位置入葬又有些不妥当，因此埋到了一起，立碑。黑的一块是梁山伯的，红的一块是祝英台的。自那以后就有了很多和两个人有关的故事。

对于梁祝传说的文章，最早出现在初唐梁载言的《十道四番志》，书里面首次写了“义妇梁山伯与祝英台同冢”的事。晚唐张读的《宣室志》里也写了这个故事，叫作《义妇冢》。

梁山伯与祝英台是否属于同一个时代的人，还需要大量的历史材料来证明。觉得梁山伯与祝英台年龄事实上相差几百年甚至几千年，或许是历史错误。要是梁山伯和祝英台有千年的差距，也就是证明，梁山伯与祝英台的传说就要出现在明代之后。但是唐代的梁祝化蝶又是如何来的呢？所以，说梁祝二人不属于同一时代可能也有些说不通。

《思想者》在思考什么?

《思想者》是法国雕塑家罗丹创作的雕像，这一形象弯腰，屈膝，右手托着下颌，肌肉硬实，目光深邃，他到底在想些什么呢?

《思想者》出自法国雕塑家罗丹之手，最初这雕塑是放在未曾完工的《地狱之门》的门顶上面。最后被当作了一个个体，放大3倍。刚开始罗丹把这尊雕像叫作《诗人》，指的是但丁对于地狱里各类型罪恶幽灵的思索。打造这个形象，罗丹花费了很多的心思。

雕像《思想者》，打造了一个非常强壮的劳动男子形象。这一位巨人弯着腰，屈着膝，右手托着下颌，漠视下面无尽的痛苦。他那凝视的双眼和拳头碰到嘴唇的动作，体现了一种非常悲伤的心情。他想要陷进“绝对”的冥想，使尽全力把那刚健的身体抽缩、弯压为一团。他的肌肉极其紧张，不只是在仔仔细细地思考，还陷入了苦恼里面。

有人问罗丹为什么要把《思想者》的形象打造成一个裸体形象?罗丹说:“一个人的形象以及姿态一定能够体现他的内心，形体无时无刻不在传达内心。对于理解这种看法的人，裸体是最好的表达。”

这个雕像传递出的信息是，但丁对地狱里面各类型罪恶和现在人间悲剧展开的思考，在对人类传递同情和爱惜的时候，内心也包含苦闷和强烈的思想矛盾。

是谁设计了芭比娃娃?

芭比娃娃是小女孩们最喜欢的玩具之一，每个小姑娘几乎都拥有一套属于自己的芭比娃娃，那么芭比娃娃的设计者是谁呢?

大部分人知道芭比娃娃从美国而来，自然而然地就认为设计芭比娃娃的是美国人。其实，芭比的出现是个偶然。

那时候，孩子们的玩具全部都是洋娃娃。一天，露丝·汉德勒偶然见到女儿芭芭拉正与一位小男孩玩剪纸娃娃，玩的剪纸娃娃并非日常见的那类婴儿宝宝，却是一位少年，拥有自己的职业以及身份，使女儿极其陶醉。“怎么不打造一个成熟点的玩具娃娃呢？”汉德勒头脑里出现一个想法。

1955年，纽约玩具展览会上，推出了一个外向并且性感的娃娃叫作“莉莉”。可是莉莉的模样和露丝·汉德勒刚开始的想法有很大差别。

1957年，美泰公司的创始人之一露丝·汉德勒女士，去德国度假时意外看到了这个十一寸半高（二十九厘米左右），三围分别为39、18、33的玩偶，她彻彻底底打动了露丝。抵达美国后，露丝立刻把碧儿的肖像权敲定，让美泰公司的设计师进行改造。设计师使碧儿面部的妆体现出20世纪50年代的流行感——就像玛丽莲·梦露一样性感神秘。而且，露丝还使用小女儿“芭芭拉”的昵称，把娃娃命名为“芭比”，而“芭比”的男朋友“肯尼”的名字来自露丝的儿子。1958年“芭比娃娃”正式出炉，同时获得了专利。

1959年，“芭比”出现在纽约玩具展览会上，那一年是她“人生”的转折点。所有人都被她迷住了：完美的身材，“39、18、33”的三围，金黄色的头发，清新的脸蛋，以及很多的漂亮衣服。

就这样，芭比娃娃成功走向了世界。

维纳斯的手臂为何折断?

维纳斯在世界范围内享有盛誉，但是令人们苦恼的是，她的手臂都折断了。这究竟是什么原因呢?

一个人偶然找到了19世纪法国舰长杜蒙·居维尔的回忆录，为我们破解了这个谜。维纳斯被一位希腊米洛农民伊奥尔科斯在1820年春天刨地时挖掘出来。刚挖出来时维纳斯右臂向下垂，手摸着衣服，左上臂超出头顶，米洛的维纳斯拿着一只苹果。那时候的法国驻米洛领事路易斯·布勒斯特知道这个信息后，立刻到了伊奥尔科斯家，说自己要用高价买下这一具塑像，同时得到了伊奥尔科斯的同意。可因为手头缺少充足的现金，就只能让居维尔立刻前去君士坦丁堡向法国大使说明此事。大使得到消息后，马上派秘书拿着一笔巨款跟着居维尔立刻去米洛购买女神像。但是那时候农民伊奥尔科斯已把神像出售给一位希腊商人，同时已经装船外运。居维尔那时候立刻决定凭借武力去抢。英国获得这个消息以后，也让舰艇去抢，双方爆发了一场惨烈的战斗，激战时雕塑的两个胳膊都被砸断。自那以后，维纳斯就变为一位断臂女神。

还存在一种说法是，维纳斯的雕像完工后，雕塑者邀请非常多的名人进行评价。大家看完都评价极其完美，并且最美的还属于她的左臂。人们将全部的目光都聚焦到了雕像的左臂上，可是作者立刻敲断左臂。众人问为什么，作者说不能因为局部的美，而影响了整体美，要是那样，情愿它是残缺的美!

Part 6

文化/娱乐知识：不雷倒你不罢休

玛丽莲·梦露是自杀吗?

有关梦露去世的真相一直众说纷纭，外界流传版本颇丰。而所有版本中，因为她涉及了肯尼迪家族的关系而被谋杀的说法流传最为广泛。

1962年8月15日，人们发现玛丽莲·梦露在洛杉矶布莱登木寓所的卧室内去世，终年36岁，当时官方给出的死因是服用安眠药过量。可是社会舆论却并不认为梦露的死亡有这么简单。

据了解，官方有关梦露的文件多达数千页，但美国FBI长期表示与梦露相关的文件涉及美国的国家安全，迄今为止仅仅公布了500页的文件。在这份公布的文件中提到了一个名叫弗里德里克·范德比尔特·菲尔德的人，他是一个流亡墨西哥的亲苏美国人，与梦露的死亡有很大的关系。菲尔德一直被认为是“苏联间谍”。当梦露慕名成为菲尔德的朋友时，一切都已经受到了联邦调查局的秘密监视，她并不知道，自己与菲尔德的来往记录都被FBI完完整整记录下来。

如果事情仅仅是因为梦露认识了一个间谍还不至于使FBI局长的后背发凉，一个明星而不是国家政要，并不会透露有价值的国家秘密，殊不知，这已经成了梦露的噩梦。

梦露曾与美国前总统肯尼迪和前司法部长罗伯特·肯尼迪都有过“私密”谈话。作为肯尼迪的“枕边情人”，肯尼迪也回答了梦露的一系列重要问题。而FBI认为，这些私密的谈话可能会传到克里姆林宫。另一方面，梦露如果将她与肯尼迪兄弟的性丑闻暴露出来，肯定会使肯尼迪家族受到巨大的损失。此时的梦露对肯尼迪家族来说，已经成为一个政治麻烦。

因为梦露的纠缠让肯尼迪兄弟对她开始厌烦，同时害怕她影响肯尼迪家族的政治未来，因此就决定杀害梦露。梦露的心理医生林森是最后的刽子手，他欺骗梦露，用灌肠的方法从肛门向她体内注射一种药剂。在梦露未作思考地吃过安眠药之后，林森向她体内注射了药剂，两种药物一起发挥作用，让梦露看起来好像是因为吞食过量药物而死亡。

梦露神秘的死直到现在人们还非常关注，梦露的才华、美貌加上她和总统肯尼迪的传言都让她的死亡蒙上了一层神秘的面纱。虽然梦露现在已经去世了50多年，但是和她有联系的很多官方文件还是被列为国家机密。

玉女英格丽·褒曼曾出轨私奔?

英格丽·褒曼是一位著名的好莱坞影星，作品曾多次入围奥斯卡。美国电影铸就了演艺事业辉煌的明星英格丽·褒曼，她优雅圣洁的身影流连在当时热映的电影中。不过现实生活里褒曼的婚姻生活一路坎坷，甚至还有人在背后说她是“光彩银幕上的清纯玉女，现实中是一个抛夫弃子的浪荡之女”。

1937年，褒曼与一位牙医结婚，这个时期是褒曼演艺事业的黄金阶段。但褒曼在电影院看过《罗马——不设防的城市》这部完全不同于好莱坞的现实主义电影作品后，她非常想与该片的导演罗伯托·罗西里尼合作，便尝试主动给罗西里尼写了一封信，希望能和他一起合作拍摄电影。在得到积极的回复后，她立即起身前往意大利，与罗西里尼合作电影，她的决定并不被大众支持。

褒曼不顾外界的嘲讽与反对，毅然来到意大利，两人的关系也渐渐由合作伙伴转化成情侣。褒曼与罗西里尼的婚外情遭到舆论的强烈谴责，这次任性的出走让她被好莱坞抛弃了七年。她与罗西里尼合拍的电影票房也非常不好，因为人们对于褒曼婚外情的反感，她拍摄的许多电影没有机会上线到电影屏幕。

褒曼和罗西里尼的感情也出现了问题。当时的褒曼备受影迷反对，而罗西里尼也违反了自己当年所说的话，没有将她引进自己的电影。两人之间的裂痕越来越大。

1955年，导演安纳托尔·李维克决定让褒曼为自己的电影做女主角，不过此时的褒曼依旧被“私奔事件”缠身，从而成为全世界第一票房毒药。但是，李维克不愿改变用褒曼的想法。最后影片热映，获得极大的成功，褒曼也因此再次拿下奥斯卡的最佳女主角。紧接而来的也是她与西里尼婚姻的结束。

褒曼的坎坷一生历经三次失败的婚姻，第二次与罗西里尼的“私奔”事件让她在好莱坞被冷落了七年。美国的电影史上，英格丽·褒曼优雅与直率，高贵与鲁莽并存，却又显得安然从容的身影永不褪色。

一休原来是一个风流老和尚?

人们对于一休的印象，最早是来源于幼时动画片中的那个机灵聪明，乐于助人的一休。在历史上一休其人确实存在，他叫一休宗纯，是日本室町时代禅宗临济宗的奇僧，同时也是一位有名的诗人、书法家与画家。一休自幼就聪明好学，六岁成为京都安国寺侍童，十二岁到宝幢寺研习维摩经，兼习诗法，十五岁为僧，立志要帮助贫苦大众与无学问者。然而，就是这样一个德高望重的大师，怎么会是一个风流的老和尚呢?

一休一生怀抱大志雄心，但生活却过得极为洒脱。虽然是日本佛教史上最著名的禅僧，却也是最令人少见的疯狂的禅僧。他对佛门腐化后的虚伪丑陋深恶痛绝，拒绝居住在富丽堂皇的佛寺，穿着破烂不堪的法衣出席盛大的法会，即使是师父给他的继承人证书也不屑于要。他只愿自己的这些举动能够唤醒人们对于世间最真实的渴求，他是主张“佛祖心中留”这样自由的禅宗，亦是立志革新的圣徒。

一休自号狂云子，他极力反对禅宗虚假的禁欲主义，从不压抑自己的欲望。相传一休曾与不少名妓有染，对此一休是这样解释的：“名妓谈情，高僧讲道，实同出一辙。”1471年，78岁的一休在一次偶然的歌艺表演上，遇到了一位名叫森的盲女，被盲女森的歌声所打动。两人一见如故，产生真挚的爱情。在一休写下的诗歌中，有许多诗歌就在描述他与盲女森的恋情，诸如：“盲森夜夜伴吟身，被底鸳鸯私语新。”“美人云雨爱河深，楼子老禅楼上吟。”有的诗言辞狂放，令人惊讶，据传就连当时的日本人看了也禁不住脸红。那个时代的日本，禅僧与女人私通早已是半公开的秘密，但很多人顾及脸面不愿公开。一休厌恶佛门腐化的虚伪丑态，宁愿放弃身份，纵情高歌酒肉与情爱。进入晚年的一休在酬恩庵修建墓塔，修建他与森的比翼冢。在生命长河的尽头，他许下相爱一世的心愿："十年花下埋芳盟，一段风流无限情。惜别枕头儿女膝，夜深云雨约三生。"

在室町时代，人们普遍认为"女色不一定是弱点，男色也一样"。即便是僧人也不能忍受情色诱惑与肉欲的快感，一休便是其中之一。在一休看来，世间是癫狂的；而世人看来，不合世俗规则，便是癫狂。一代高僧，"淫酒淫色亦淫诗"，可以说是一个风流十足的老和尚。

安徒生一生都是个处男?

安徒生是闻名世界的童话大师。一提起他，我们会不自觉地想起他所创作出的丑小鸭和美人鱼。他的童话故事不仅影响了全世界的儿童，也深深影响后人。他用童话来鼓励我们要像丑小鸭那样，面对不如意的生活时也能保持乐观。即便在灰暗的日子里，也要像灰姑娘那样对人生充满希望。但这都是童话中的美好，现实中的安徒生一辈子未婚，甚至没有情人，是一个不折不扣的老处男。

1875年，孤独一生、终生未婚的童话大王安徒生去世。他不仅为后人留下了众多的童话故事，也留下了一本长达4500页的日记，这本日记揭开了安徒生终身未婚的原因。

在青少年时期，性格孤僻、敏感的安徒生被身边的小伙伴所排斥。1819年，安徒生为丹麦皇家歌剧院工作，但他古怪的外表和胆小懦弱的性格使得他不论在男性还是女性朋友中都不受欢迎。安徒生在离开他的第一份工作之后，一直以写作为生，他形单影只，只能四处漂泊。这样的困境使得他的性格中有了一种根深蒂固的自卑感。

从19世纪40年代开始，他的作品广为传播，被翻译为很多种文字，这使得他的生活有了不小的改观，也开始有很多人主动接触他。但他全都拒绝了，他的内心一直认为不管是男性还是女性，都是瞧不起他的，为了避免内心煎熬，安徒生选择了拒绝婚姻和爱情。安徒生早期的心理阴影过于强大，以至于他用一生的时间都难以走出来。

安徒生用一生的时间构建了一个童话的世界，然后把自己藏匿其中。在安徒生的文学世界中，英俊潇洒的王子正是他理想的自己，而那些美丽善良的公主，正是他对自己理想另一半的幻想。一生未婚的安徒生在自己的文学世界里找到了属于自己的心灵寄托。

尽管安徒生的现实生活异常悲惨，但他仍是世界上最出名的童话作家之一，他的一生孤单落寞，经历了他笔下丑小鸭似的一生。他把《海的女儿》《卖火柴的小女孩》《皇帝的新衣》等一系列美好的童话故事献给世界，却把寂寞留给自己。

戏剧大师卓别林其实是个萝莉控?

查理·卓别林是20世纪英国著名的喜剧演员，也是世界伟大的戏剧大师。一谈到卓别林，相信大家立马就能在脑海中浮现出一个穿着一条鼓囊囊的裤子，踩着一双大皮鞋，手握一根黑拐杖，头顶一个笨拙的圆礼帽这样一个家喻户晓的形象。可就是这样一个被世人奉为表演大师的人物，却因为钟情少女并和许多少女发生过性关系而被无数人诟病。

卓别林一共经历了四段婚姻生活，值得一提的是，他的四任妻子在嫁给卓别林时全都是尚处花季年华的少女。他前两次婚姻的妻子都是影视界的童星，第一任妻子米尔德丽德·哈里斯，卓别林迎娶她时年仅15岁。第二任妻子丽泰·格雷，卓别林迎娶她时才16岁，二人的离婚举世瞩目，甚至还引起了一场反对卓别林的运动。1937年，卓别林与第三任妻子——著名的电影演员波莱特·戈达德结婚，但是这段感情也在6年后寿终正寝，之后卓别林在1952年又与少女时代的乌娜·奥尼尔结婚，那时卓别林已经54岁了，而乌娜·奥尼尔年仅18岁。

一些报道说卓别林一生只钟情少女，风流倜傥的他在名流社会到处拈花惹草，细细翻看他的人生档案，确实如此。虽然卓别林的前三次与少女的婚姻可以说非常失败，但他与最后一任少女娇妻乌娜的情感生活却过得非常融洽，尽管二人的实际年龄整整相差37岁。

我们可以说这个老男人是个不折不扣的萝莉控，但不论世人对卓别林的私生活有何褒贬和毁誉，在艺术领域他都是一个不容置疑的伟大的戏剧大师。

玄奘与唐太宗是结拜兄弟吗？

我们熟悉的《西游记》中，唐僧在去取经之前，唐太宗特地与他结拜为兄弟，并将东土大唐的通关文牒亲自交给他。在长安盛大的送行队伍中，唐僧踏往了西天取经之路。在取经路途中，唐僧被称作“御弟”，受到了沿途各国君王的款待。但这只是文学作品中的剧情，在真实的历史上，玄奘确实与唐太宗结拜为兄弟了吗？

根据史料记载，玄奘归来后受到唐太宗的高度重视不假，但却并没有与玄奘结拜兄弟，真正与玄奘结拜的是高昌国国王麴文泰。在玄奘路过高昌国时，麴文泰极其赞赏玄奘取经的勇气以及广博的学问，就和玄奘结拜成了兄弟。麴文泰希望可以凭借自己的款待留下这位学问广博的僧人，可是玄奘去意坚决，麴文泰明白玄奘不可能留下，就赠予他非常多的物资。

麴文泰邀请玄奘从印度回大唐的时候在高昌国住三年，那时候的取经队伍人数也是最多的，一共30人，40匹马以及非常多的物资。可是接下来发生了一场大雪崩，就剩玄奘与两个弟子活了下来。公元631年，玄奘到达目的地印度，进入那烂陀寺，进行了10年的学习修行。

当玄奘从印度回大唐时，他得到消息高昌国国王已经去世，就未曾依据约定到高昌国停留三年。贞观十九年（公元645年）正月二十五，玄奘在很多国王接力般的护送中回到长安。抵达长安城后，前来迎接的人也非常多，场面极其宏大。而且唐太宗请他还俗辅政，可是遭到玄奘委婉的拒绝，他将全部的心思都花费在了翻译带回的佛经上。同时还编纂了《大唐西域记》。

这本书描绘了西亚、南亚等地方的风俗人情，让那时候的国人大开眼界，同时现在的印度考古界也是借助这本书查找资料。

在《西游记》中，玄奘的人物形象被吴承恩塑造成出身富贵且与唐太宗结拜为兄弟，但真实历史中的玄奘却出身卑微，出发时的送行队伍也并不隆重，直到西行至高昌国时才与国王麴文泰结拜并得到资助，即使归来时迎接他的队伍是隆重的，也并未与唐太宗结为兄弟。

纸发明前人们上完厕所怎么办？

目前，市场上售卖着各种各样的卫生纸：筒状的、袋装的、便携式的……那么，在历史上，发明卫生纸前人们是怎样上厕所的呢？

在考古学者发掘芒砀山汉墓时，发现了一间古人所用的厕所，一堆小竹片散落其内，这些小竹片在当时被称为厕筹，是古时人民如厕后的清洁工具。厕筹用木片或是竹片作为制作原料，长三五寸，表面被打磨得十分光滑。据史料记载，宋朝人们还在使用厕筹，等到了元代人们才开始用粗糙的纸上厕所，而表面光滑、精细的纸则用于书写。当然，王公贵族使用的是厕筹或纸，普通的黎民百姓用的则是树叶、石头等方便获取的东西。有史料称："后主亲削僧徒厕简，试之以颊，少有芒刺，则再加修治。"这里说的是李煜帮和尚削棍，怕木棍上有刺便亲自用脸试其光滑度。这也从侧面反映了直到宋朝，人们还一直在用棍子处理排泄物。不用纸的原因大概是由于"敬惜字纸"——古老先民敬重文化，爱屋及乌，因此自然对文字载体也一起保护起来。从元朝起人们开始用纸擦屁股。"凡纸质用楮树皮与桑穰、芙蓉膜等诸物者为皮纸，用竹麻者为竹纸。精者极其洁白，粗者为火纸。火纸十七供冥烧，十三供日用。"当时皮、竹两种纸，好的写字，粗糙的日用。

欧洲人掌握造纸术较晚，他们的很多文献都是记载在羊皮卷上的。富人就用较贵的羊毛、麻布、蕾丝代替厕纸，穷人就和中国古代的某些老百姓一样，用树叶、石块等物，也有如厕后用手清洁，然后在河边洗手。

行为更加独特的是印度人，他们从古至今都一直是如厕后用手揩干净再去洗手。在印度的古老传统中，右手是用来吃饭的，左手则用来清洁个人卫生，分工十分明确，所以印度人非常忌讳别人用左手和自己握手或是打招呼。如果别人这样做了，就相当于当面羞辱。在印度的公厕里，马桶旁边都会准备一个方便够到的水槽，以方便人们及时清洗左手。

在卫生纸还没有被人们普遍使用时，聪明的人们就已经找到了许多东西作为替代物。在古罗马人的公厕里有一种类似于马桶刷的工具，还未确定它是用来清洁秽物的，还是用来刷马桶的。如果是用来清洁秽物的，那么古人如厕的工具就又多了一种。

香奈儿5号为何是“5号”？

玛丽莲·梦露曾说，她只穿“香奈儿5号”睡觉。意思是说，她睡觉时只在身上滴几滴香水。这样的经典广告让香奈儿5号瞬间登上了“香水皇后”的宝座。但香奈儿5号为何是“5号”呢?

1921年，可可·香奈儿与恩尼斯·鲍共同开发了一种新款香水，由法国的五月玫瑰、茉莉花、乙醛等80种成分叠加而成，淡雅的香味使女人的柔美之感脱颖而出。为了更好地宣传这个新产品，可可·香奈儿找到一个占卜师，希望能够占卜一下自己的幸运数字。占卜师占卜后，认为香奈儿的幸运数字是5，于是香奈儿便把这款新香水的开售日定在了五月五日，并为这款香水打上了“No.5”的标签。这种带有迷信色彩的发售方式竟让她因“香奈儿5号”获利两千万美元。由此看来，“5”确实是可可·香奈儿的幸运数字。

还有另一种说法是，香奈儿5号的发明者在制作这款香水时曾连续失败了四次，直到第五次才成功，为了纪念这来之不易的成功，便把它命名为5号。同样选择在产品名中加入数字符号的还有亨氏“57”变、保时捷911、七喜、波音747等，它们也因独特的名字而声名大噪。

令人迷恋的香味，明了清晰的名字，让香奈儿5号广受大众青睐。由此可见，在产品的名字中加入数字，会使消费者对产品印象加深，增加新鲜感，进而产生喜爱之感。

伸出“橄榄枝”有何含义?

“橄榄枝”的典故来源于《圣经·旧约·创世记》的第八章。为了能实时掌握洪水的情况，诺亚放出鸽子去查探情况。彼时的世界已然变成了一片海洋，鸽子根本无处落脚，只好返回方舟。七日以后，诺亚再次放飞鸽子。到了晚上，鸽子飞回来了，嘴中还叼着一片橄榄叶。诺亚便得知，大陆的洪水已然退去。后来，橄榄枝作为古代奥运精神的象征，寓意颇深，影响久远，人们便视橄榄枝为和平的代表。如若双方交战，其中一方求和表示友好愿望，便可说“伸出橄榄枝”。

2006年德国世界杯期间，葡萄牙国家队教练斯科拉里因为曾经成功的执教经历而受到许多国家足协的喜爱。一些媒体在报道这一事件时，标题为“辉煌纪录晃人眼，四国足协争相伸出橄榄枝”。可是，四国足协显然是想邀请斯科拉里出任自己国家足球队的教练，而不可能是与他讲和，更不要说是在绿茵场上停止比赛以求和平了。因此，这里的用词应为邀请加盟，而不是“求得和平”。那么，伸出橄榄枝后来也有了“邀请”的含义。

在俄罗斯召开八国峰会时，中国也应邀参加了峰会。媒体报道时，所用的题目是“八国集团向中国伸出橄榄枝”。同样是用“橄榄枝”，意思是说其余七国希望与中国加强合作，建立和平相处、共同发展的合作战略关系。

“衣冠禽兽”原本是指官员服饰？

“衣冠禽兽”从字面上看，与衣服以及禽兽有关系，那么这个成语又和官员的衣服有什么关系呢？

在明代，“衣冠禽兽”没有贬义的意思，它是朝廷官员的代称。如果说其是“衣冠禽兽”的话，是对他的夸奖。

原来在封建社会，“衣冠”是权力的象征，备受统治阶级的重视。在明清年代，文官和武官服上绣“飞禽”“走兽”，意味着文武官员的官阶，在文武官员常服的前胸后背分别画上一块方形或圆形饰有鸟兽的图案，叫作补子。一块40至50厘米见方的绸料，织绣上不同的纹样，再缝缀到官服上，胸背各一块，以此表示官位的品阶。据说补子起源于武周时代，一日，武则天在上早朝时，赐给官员们绣了花的官袍。由于图案精美，又是皇上赏赐之物，引起众官员纷纷模仿。补子便由此而来。内蒙古羊群庙出土的元代石雕上就有花卉纹的补子，同时在一些元代墓葬中也确实发现了不少具有方形补子的元代织物。但这些服饰没有作为补服出现，且这些方补多为花卉状，说明在蒙元时代并没有作为官阶的标志。真正代表官位的补子定型于明代。文官绣禽，以示文明，武官绣兽，以示威武。一至九品所用禽兽尊卑不一，用以辨别官品。据明清两史的《舆服志》记载，文官服上绣禽，武官服上绣兽，“衣冠”上的禽兽与官员的品级相对应，定为规制，不得逾越。“衣冠”上绣何种“禽兽”与文武官员的品级一一对应。人们一看官员衣冠上的禽兽图案，便可知官员的官爵高低。由此可见，明清时的“衣冠禽兽”并非贬义，只不过是表述文武官员身上的服饰图案而已。由此可见，“衣冠禽兽”确实是指官员的衣服。

可是，由于明代中晚期和清代的官场腐败，文官贪财，武将怕死，只会欺压百姓，无恶不作。官员虽饱读诗书，满嘴仁义道德，徒有文明的外表，内心却充满了男盗女娼，干的多为伤天害理的勾当。于是，“衣冠禽兽”又变成了形容那些徒有其表、道貌岸然，而形同禽兽之人的贬义词了。

古代为何要有随葬品?

随葬品是指跟随安葬者一起放入墓穴里的物品。那么古代人安葬时为什么一定要有随葬品呢?

随葬品在传统葬礼上象征着墓主的身份、地位。中国古代礼制对随葬品是有规定的，随葬品要与死者生前身份、地位相对应，超过了级别则为“逾制”。随葬品大多用“明器”，即礼仪性用品，代表着财富、身份与地位。最早的随葬品是一些常用的生活用品，随着时间的推移，奢侈品也逐渐进入随葬品行列，譬如金玉器物、布帛绸缎、书画玩物等。

从宋代开始，用纸做的明器开始在市面上流行起来，另一种则是聚宝盆和摇钱树，直到现在的传统葬礼上依旧可以看到。中国人崇尚隆丧厚礼，对待过世的人非常尊重，葬礼也是非常隆厚，并时刻追随着时代潮流，跟随时代的发展而发展。

古代“寒食节”为何不能生火做饭？

寒食节的起源有许多说法。其中，民间广为流传的说法是为了纪念春秋时期晋国的介子推。

春秋时代，晋国公子重耳流亡各国，生活十分清苦。极度困窘之下，跟随他的介子推甚至从自己的腿上割下一块肉让他充饥。后来，重耳回到晋国，登上国君之位（即当时的晋文公），他下令封赏曾帮助自己的有功之臣。只有介子推拒绝接受封赏，并带着家中老母隐居到绵山，不肯出来。晋文公无计可施，只好放火烧山，逼其下山。谁知介子推母子宁愿被烧死也不愿出来。为了纪念介子推，晋文公将绵山改名为介山，并为其修庙立碑。与此同时，还下令在介子推被烧死的这天，“寒食禁火”，即全国上下都不允许烧火煮食，只能吃干粮与冷食，这大概就是古代寒食节为何不能生火做饭的原因。

“金龟婿”的说法从何而来？

与形容女婿的词“乘龙快婿”与“东床快婿”不同，他们都指“女儿的配偶”，主要从岳父岳母的角度来说。人们常常说：“您家里这位真是乘龙快婿呀，那么有本事。”而金龟婿则更侧重于“女子的配偶”，主要从妻子的角度来说，人们常说：“谁谁家的女儿钓了个金龟婿。”那么金龟婿的说法又是从何而来呢？

这个叫法来源于唐代诗人李商隐的《为有》一诗：“为有云屏无限娇，凤城寒尽怕春宵。无端嫁得金龟婿，辜负香衾事早朝。”诗中所写的贵族女子在冬去春来之时，细声埋怨身居高位的丈夫，因其要赴早朝而浪费了一刻千金的春宵。

诗中将丈夫比作“金龟婿”，与唐代官员的佩饰有很大的联系。根据《新唐书·车服志》的记载，在唐朝初年，官五品以上，都会佩戴鱼符、鱼袋，以示尊贵。鱼符由不同的材质构成，“亲王以金，庶官以铜，皆题其位、姓名”。装鱼符的鱼袋也是“三品以上以金装饰，五品以上则用银装饰”。武后天授元年（公元690年）改内外官所佩鱼符为龟符，鱼袋为龟袋，并规定三品以上龟袋用金饰，四品用银饰，五品用铜饰。可见，金龟可以指由金子制成的龟符，亦可指以金作为装饰的龟袋。不过不管它指的是什么，都是亲王或三品以上的官员。后来人们便用金龟婿来指身份尊贵的女婿。不过在现代汉语中，金龟婿中“贵”的含义正在一点点地减弱，“富”的意味则在逐渐加深。

太监们是怎么小解的？

太监，是指古代宫廷中被阉割生殖器后丧失性功能，服侍皇室的官员，又叫阉（奄）人、宦官、内监等。谈到太监这个独特的人群，人们既好奇又对其怀有隐隐的同情，也听过很多关于太监祸乱朝廷法纪的事，他们曾是数量庞大的社会群体。人们都知道太监是被阉割后的男人，那么令人难解的是，被阉割之后的太监是如何小解的呢？

古代有许多替人阉猪的师傅，其实阉人的师傅也不少。许多贫穷的人因为家中贫苦，在家里孩子七八岁的时候就将其送去阉割，然后到宫中当太监。阉割的过程疼痛的程度令人难以忍受，即将被阉割的人被绑在已准备好的特制凳子上，师傅开始动手，有时人甚至会痛到晕厥而去，更可怜的则会因感染细菌而死。在阉割后，会在下阴留一个小孔，然后插入麦秸管，和平常男人的尿管相同，让人在阉割后难以忍受的日子中解决日常排泄问题。如果没有这根管子的话，有一点点尿沾到伤口上都会产生剧烈的疼痛。

在明清以前，太监阉割时，睾丸和阴茎是需要一块儿被割掉的，当时的太监只能蹲着小解，还经常会因为手术不成功，尿得到处都是。不过到了明清之后，对生殖系统的认识比较明确，所以保留阴茎，切除睾丸。没有睾丸之后，阴茎不仅不会继续生长，甚至还会萎缩，不过这并不影响正常身体的小解，因此，明清的太监是站着小解的。

太监是封建社会的产物，童年便被阉割的经历是他们一辈子都难以放下的心病，被阉割之后，他们体内的雄性激素会比正常的男性减少许多，所以才会变得不男不女，不阴不阳。

“摆谱”摆的是什么谱？

“摆谱”一词源于东北方言，是指一个人端架子摆门面，以彰显自己的富足。那么“摆谱”一词缘何而来？“摆谱”究竟摆的是什么谱呢？

其实，“摆谱”最初摆的是“家谱”，就是老资格，现在将其引申为摆门面。在说“摆谱”之前，先说说“家谱”是什么。

家谱，又称族谱、家乘、祖谱、谱牒、宗谱等。家谱是一个姓氏家族子孙世系的传承之书，用来区分整个家族成员血缘关系的亲疏远近。

家谱主要记载父系家族的世系、人物，其中包含该家族的起源、迁徙的轨迹，还囊括了这一姓氏家族的生息、繁衍、婚姻、文化、族规、家约等历史文化的全过程。它是一个家族的生命史，也是一个家族世代传承的历史图籍。

那么“摆谱”的意思就很好理解了。19世纪初，北京人向关外移民屯垦荒地时，经常生活在这里的老辈人家都有祖上世代相传下来的家谱。平常的闲暇时间里，大家都会围坐在一起，纷纷掏出自家的家谱放在一起“摆谱”，看看谁家的“谱大”。“摆谱”一词便由此产生了。

上厕所为什么叫“解手”？

“解手”是人们生活中常说的俗语，意指“小便”“上厕所”。不过令人奇怪的是，上厕所为什么要叫“解手”呢？

据民间传闻，明朝开国后，由于经年的战乱，自然灾害和瘟疫时常发生，华北中原一带的百姓死亡率接连升高，十室九空。明朝洪武年间，太祖皇帝朱元璋为了尽快恢复和发展农业生产，施行了移民垦田的政策，把地狭人稠的山西农民迁移到了地广人稀的华北中原等地。这就是历史上著名的洪洞移民。

追究“解手”一词的缘由，有关文献称，官府的官兵将山西的百姓登记强制迁走，为了避免百姓逃跑，便把他们双手反绑，接着用一根长绳穿成一串，押解着山西地区移民上路。由于路途遥远，在长途跋涉的押解过程中，路上总会有人需要小便，不过由于双手都被绳子绑着，就只好向官兵请示：“老爷，请解手，我要小便。”时间长了，这种口头的请求也更加简化，百姓只要说句“老爷，解手”，官兵都能明白是要小便。自此以后，“解手”便成了小便的代名词。

为何说买“东西”，不说买“南北”？

现实社会中，我们把所有物体都统称为“东西”，“买东西”成了人们购买物品的代名词。不少人曾有疑问，为什么只说买东西而不说买南北呢？

古代就有人对此产生疑问。明人周延儒在回答明思宗朱由检同样的问题时，给出了这样的答案。崇祯时，明思宗曾派出一太监问大臣们：“今市肆交易止言‘买东西’，而不及南北，为什么呢？”大臣们都沉默以对。这时，辅臣周延儒开口了，他说：“南方主火，北方主水，叩人之门户求水火，无弗与者，不待交易。东方主木，西方主金，金木人人所无，怎么能不买？故只说买东西，而不说买南北。”明思宗听了，很满意。

南宋时，有一次，著名理学家朱熹在街上见到他的好友盛温如提着一个竹篮子，便问：“你上哪儿去？”盛温如答道：“去买东西。”朱熹又问：“为什么不说买南北呢？”盛温如回道：“术数所托，假其相互生克之理以言古今因果。金、木、水、火、土为五行，与东、西、南、北、中相配，东属木，西属金，凡属金、木之类可装在篮子里；南属火，北属水，水、火是篮子装不得的。”

因此，便只能说买东西，而不能说买南北。

Part 7

历史知识：穿越回去看历史

古代离婚也有规定？

在中国的奴隶社会与封建社会中，婚姻总体上实行专权离婚制度。其主要的特性便是丈夫拥有主动离婚的特权；而对于女方来说，婚姻是不可自行结束的。

《汉穆拉比法典》中曾有法则规定，丈夫可以在妻子与人通奸、无法生育、浪费家财等情况下与其离婚，就连在身负重债的情况下，亦可以出卖妻子或把妻子交出作为债物抵偿。《古兰经》中则允许丈夫休妻。

在中国封建社会里，“七出”的规定也属于典型的专权离婚制度。

“七出”是允许男子休妻弃妇的七种理由。妻子一旦有违“七出”中的任何一条，都有可能会被丈夫要求离婚，诸如：对父母不孝，无儿无女，与人通奸，对丈夫的小妾心生嫌隙，得恶性传染病，爱嚼舌根，私自动用家庭财产，丈夫都可以与其离婚。当然，古代的礼法制度也有例外的情况，用“三不去”对“七出”加以限制。古书有言：“妇有三不去：有所取无所归（不穷穷也），不去。尝更三年丧（不忘恩也），不去。前贫后富贵（不背德也），不去。”意思是指，给公婆服了三年丧的，曾与丈夫同甘共苦现在富贵的，无娘家可回的妻子，不能被丈夫抛弃。而妻子只能忠于自己的夫君，在丈夫生前，不得主动提出离异；丈夫死后，也要保持名节，不许再嫁。

除了出妻的离婚制度外，中国的封建社会还存在着“义绝”与“和离”“呈诉离婚”三种离婚制度。

（1）义绝是中国古代封建社会的一种独特的强行离异制度。在汉代时，班昭曾在《女诫》上说过："夫为夫妇者，义以和亲，恩以好合……恩义俱废，夫妇离矣。"依据《唐律疏义》的注解，凡是夫妻间、夫妻双方亲属间以及夫妻一方对他方亲属出现殴打、谩骂、杀害、致伤、通奸等行为，发生其中任何一件事，在官府断案后，夫妻的婚姻关系必须强行离异，否则将会以刑法论处。义绝中对于夫家的偏袒也是非常明显的。

（2）和离，中国古代一种通过协议令夫妻离异的法律制度。《唐律·户婚律》载："若夫妻不相安谐而和离者不坐。"其意是指，如若夫妻感情不睦，可以两方协调离婚，这可以不受任何处罚。不过这在封建社会之下，并无任何经济依托，妇女在受着"三从四德"与贞操观念束缚的情况下，根本就无法实现和离愿望。所谓的"两愿离"，其实是主要取决于丈夫或夫家的。

（3）缘于特定理由的呈诉离婚。如男方有"妻背夫在逃""男妇虚执翁奸""妻杀妾子"等呈诉的理由时；妻子有"夫逃亡三年不还""夫抑勒或纵容妻妾与人通奸""夫典雇妻妾""翁欺奸男妇"等缘由时。明清皆有明确的法律规定，受财典雇妻妾与人者，除处以刑罚外，并要求其离婚。

冷宫是指哪个宫？

在许多古装剧中，失去皇帝宠幸的妃子一般会被打入“冷宫”，并在那里孤独终老。我们都知道皇帝有“三宫六院”，那么，“冷宫”到底是宫里面的哪个宫呢？

查看明清的史料，故宫中并没有明确写有“冷宫”的匾额。可见，“冷宫”并不是皇宫里某一处宫室的正式名称。不仅如此，根据史料记载，明清两代被作为“冷宫”的地方有多处。

譬如，在明末时期，天启皇帝的妃子李氏因冒犯了太监魏忠贤，从长春宫硬生生地被赶到了御花园西面的乾西宫。之后，定妃、恪嫔等三人也相继被幽禁在冰冷的乾西宫中。从这里我们可以看到，此处的乾西宫就是当时的“冷宫”。在清光绪年间，珍妃就曾被慈禧软禁在景祺阁以北的北三所，这里说明，北三所也算是清朝的一处“冷宫”。

历史学者因此推理，“冷宫”并不是指一个固定的地方，而是指所有幽禁妃子、皇子之地。

打入“冷宫”其实就是被废弃的妃子。在古装剧中，妃子被打入冷宫，还会出现在朴素的寝殿里。不过事实上，只有在她犯的错误不是很大，家族的势力还在，才会有这样的待遇。如若家族寒微，便会直接废为平民，关进暗无天日的小房子里，与囚犯毫无分别。

草船借箭者并非孔明?

真正草船借箭的不是诸葛亮，而是孙权。

诸葛亮“草船借箭”是《三国演义》中非常经典的片段。读了这段故事，常常使人对诸葛亮的聪明才智赞叹不已。不过，在真正的历史里，诸葛亮并没有草船借箭，而是孙权所为。

从《三国志·吴书·吴主传第二》裴松之的注解可以看出，建安年间，曹操与孙权对垒濡须。第一次交战，曹军大败，于是便死守阵地再也不出。一天孙权借水面有薄雾，乘轻舟从濡须口闯入曹军前沿，观察曹军部署。孙权的轻舟行进五六里，并且鼓乐齐鸣，但曹操生性多疑，见孙军整肃威武，恐怕有诈，不敢出战，喟然叹曰：“生子当如孙仲谋，刘景升儿子若豚犬耳！”紧接着，曹操一声令下，弓弩齐发，向吴船射去。不一会儿，孙权的小船便因一侧中箭太多，船身倾斜，有翻沉的危险。孙权下令掉转船头，使另一侧再受箭。一会儿，箭均船平，孙军顺利返回。曹操这才知道自己上当受骗了。

这件事在赤壁之战五年之后才发生，由此可见，“草船借箭”只是罗贯中依照孙权的这件事改编而成的。

“驸马”原本是一种官职?

人们会经常在古装剧中看到，“驸马”就是公主的丈夫、皇帝的女婿，但大多数人不知道，“驸马”其实是一种官职。

根据《汉书》记载，“驸马”的全称为“驸马都尉”（之前为副马都尉），主要负责掌管御用的副车，是汉武帝时设立的官职。这一官职的待遇很好，最初大都由皇亲国戚和王公大臣子弟担任。

魏晋时期，“驸马”作为皇帝女婿的专有名词存在。据闻，曹魏时的玄学家何晏容貌俊秀，魏文帝曾将金乡公主许配给他，还让他坐上“副马都尉”的宝座。魏晋之后的皇帝，也纷纷效仿魏文帝的行为，封自己的女婿为“副马都尉”。渐渐地，人们觉得用“副马”来指皇帝的女婿略有不妥，便将“副马”改作了“驸马”。

随着名字的变化，“驸马”是官职的意思也逐渐淡化。譬如，晋文帝的女婿虽说是“驸马都尉”，其实并没有什么实际职位，只是一个虚职。再后来，人们便习以为常地将公主的丈夫称为“驸马”了。

除了“驸马”外，皇上的女婿还被人们叫作“帝婿”“主婿”“国婿”。在清代，公主的丈夫又被称为“额驸”，皇后所生公主的丈夫叫作“固伦额驸”，嫔妃所生公主的丈夫则叫作“和硕额驸”。

陈世美蒙受了千古奇冤？

说到陈世美，人们都会想到一些不好的词，譬如负心汉，抛妻弃子，嫌贫爱富，心狠手辣，忘恩负义……可见他的负心汉形象已经深入人心了，不过最近却有人坚持要为他平反。这是为什么呢？难道陈世美真的被人们冤枉了吗？

陈世美为什么会是负心汉的代表人物，这引人深思。秦腔名戏《铡美案》曾言：“上写着秦香莲三十二岁，状告当朝驸马郎。欺君王，瞒皇上，悔婚男儿招东床。杀妻灭子良心丧，将状纸压在爷的大堂上……”这段戏词在民间脍炙人口，展现了为弱势妇女伸张正义的公正精神，再加上审案者是大名鼎鼎的包青天，因此广为流传，并被人们喜爱。可是，戏文只是戏文，它的可信度高吗？

在戏中，陈世美说自己是“湖广均州人士”，据考察，清代均州陈世美这个人的确存在。在历史记载中，他于顺治八年（公元1651年）考中进士，后来在贵州担任官职。彼时闻风投靠者纷沓而来，他一开始还非常诚恳地招待，后来才发现许多前来投靠的人根本就不需要帮助，便下令管家闭门，谢绝投靠者再前来。在他往年的同窗胡梦蝶前来投靠遭到狠狠的拒绝后，便一直怀恨在心，将听说的许多故事改编成了《铡美案》，并专门找到一个戏班排演这部戏。在这部戏演出后，陈世美的千古骂名便由此开始。

当然，这件事还有一个更大的漏洞。“均州”这个地名直到明清时期才出现，然而，包公属于宋朝人，包公怎么会穿越几百年来到清朝断案呢？另外，在进行历史研究时，戏文是不具备考察性的。清康熙二十年（公元1681年），陈世美还曾带妻子告老还乡，可见负心汉一事更是瞎编乱造而出。有碑文曾记载，陈世美为官时非常客观公正，还曾在中举后为恩师修建家乡庭院。所以，由于小人的嫉妒构陷与戏文的广泛传播，陈世美一直在蒙受着不白之冤。

断肠草和鹤顶红哪个更厉害？

在武侠小说里，毒药在无形中便可杀人。断肠草和鹤顶红是最常见的毒药，两者不分上下，都是万千毒药中的剧毒。它们在现实中当真存在吗？哪一个的毒性更强呢？

其实，如果按照植物的种类划分的话，断肠草并非某一种植物的名字，而是一类植物的统称。其中最负盛名的是马钱科钩吻属的钩吻。钩吻全株植物都身带剧毒，尤其是嫩芽，吃几片就足以置人于死地。不过断肠草并不会真如其名，可以绞断人的肠子。而是用其叶片内的钩吻素来压制受害人的中枢神经，致使中毒者出现四肢瘫软，语言不清，视线重叠，上吐下泻，腹痛难耐，最后，在4~7个小时后因呼吸麻痹而死。

即使断肠草毒性非常厉害，不过鹤顶红在小说中却被描述得比它更厉害。其实古代的鹤顶红是一种由含有砷华、雄黄、毒砂等含砷的矿物质煅烧加工得到的含有砒霜的混合物，因为含有硫的杂质而呈红色。但是它的毒性没有传说中那么神奇，也不如断肠草厉害，它只能使人出现中毒现象，但并不会令人死亡。

鹤顶红之所以在武侠小说中被赋予超乎其本身的剧毒，可能是由于它光鲜亮丽的颜色，令人们产生一种自然而然的恐惧感。而对于鲜艳色彩的惧怕，正是人们对抗大自然的漫长过程中积累下来的经验。

虽然小说把很多毒药描绘得神奇无比，甚至可以杀人于无形，不过实际上那些毒药都是名不副实的。毒药的功效仍需从成分里细加分析。

日本人是徐福的后代吗?

秦始皇统一六国后，一统天下，威震四方，欲望逐渐攀升，便想永生不老。这时，齐人徐福上书，言海中有三神山，山上仙人长寿。始皇非常高兴，便派遣徐福带童男女三千人入海求药，但是以后就没有了音信。从此，便产生了一个历史疑问，徐福是去了日本吗？会是日本人的先祖吗？

通过史书的记载，我们可以确定，徐福东渡之事的确存在。《史记》和《汉书》都曾提到："徐福得平原广泽，止王不来。"多数学者的看法是，徐福东渡抵达之地就是日本列岛。至此，答案显然已经明了了。

有文献记载，秦朝时确有许多中国人移居到朝鲜半岛南部，那么这些人也就有可能自朝鲜半岛到达日本。从考古角度来看，在徐福东渡不久，日本就出现了类似中国龙山文化的磨光黑色陶器，还有其他一些秦时的物品。从人类学角度来看，日本九州北部人的身高曾在徐福出海一段时间后忽然增高了三至五厘米，这可以解释为是大批移民与当地土著通婚的结果。最有力的证据是，前日本首相羽田曾称自己是徐福的后裔，因为日语中的秦和羽田发音一样，这就等同于，羽田家族承认了自己是徐福的后代。

有意思的是，徐福是日本人祖先的说法基本上是成立的，不过人们对于他的身份问题还是议论纷纷。羽田家族曾说徐福是自己的祖先，更有人猜测徐福就是日本的神武天皇，而大多数日本人也倾向于认为日本开国天皇就是中国人徐福。直到现在，日本各地还经常举行各种各样的祭祀活动，对徐福传达自己的敬意。

可见，徐福的确是日本人的祖先，虽说他可能只是一小部分日本人的祖先，不过这个说法也不会改变。值得注意的是，日本昭和天皇的御弟三笠宫也曾不无怀念地说："徐福是我们日本国人的父亲。"

有史以来最短的战争只维持了38分钟?

人们记忆中的战争是硝烟弥漫，战士们飒爽的身姿与旷日持久的体能消耗。不过，在世界战争史上，有一场战争仅仅维持了38分钟。这是为什么呢？为什么一场战争只坚持了38分钟?

根据战争史料记载，战争的地点位于桑给巴尔苏丹，是一个藏匿在非洲东海岸的小岛。在19世纪80年代末至90年代初，桑给巴尔苏丹的总统变成了英国的傀儡，英国得以对这个小岛全权控制。1890年前总统病逝，他的次子哈立德・本・巴伽什在德国的辅助下成立苏丹，摆脱了英国人的控制。

英国人为了重新掌控小岛，要求哈立德・本・巴伽什退位，否则一切后果自行负责。巴伽什严词拒绝之后，便组织了一支2800人的军队以反抗贪婪的英国。

对巴伽什最后的忍耐时间一过，英国的军队便对这个小岛发起猛烈的攻击，由于桑给巴尔的军队和英军兵力难以相当，无法做出及时有效的防御。最终，巴伽什提出投降，整个战争共历时38分钟，巴伽什也只身逃往德国寻求庇护。

这场发生在英国与桑给巴尔之间的战争一共持续了38分钟，成为世界上持续时间最短的战争纪录。

老公竟是古时对太监的称呼？

在中国的传统时代，妻子对丈夫的称谓有许多，诸如郎君、官人、老爷、相公等。在刚结婚的普通夫妻之间，女子都喜欢叫夫君为“郎君”或是“官人”。在许多达官权贵之家，许多女子则毕恭毕敬地称自己的丈夫为“老爷”。“老爷”这一称谓既显示了丈夫的权势之大，又体现了其显赫的地位。也有女子习惯称自己丈夫“相公”的，含有“绅士”的含义，是对丈夫美好品德的赞赏。

而“老公”这个说法，据传最早在唐代出现，距离现在已有一千多年了。不过，在中国的历史中，女子对丈夫的称呼中并没有“老公”，这是用来称呼太监的，如果放到现在来看的确很可笑。

“老公”并不是什么好词，是用来骂人的。由于宫里的一些太监仍断不了男女私欲，游离于妓院之间，虽说花了钱，却没办法了欲望之事。于是就变着花样地折磨妓女，以解心头难忍之恨。京城的妓女最怕遇到这种人，私下里便给他们取了个名字叫作“老公”，其实就是表达对太监的藐视与反感。

古代男女晚结婚要罚钱?

2010年，据全国婚恋调查，现在社会上出现了许多“剩男剩女”，这一现象的主要原因是：出现了许多宅男宅女（社交圈子狭窄）、交流不主动、工作太忙没时间。其实无论是现代还是古代，人类男女性别比例基本是保持一定的，在自然状态下很少会有“剩男”或是“剩女”。那为什么古代没有那么多“剩男剩女”呢？其实，国家干预起了很大的作用。

在古代，男女婚配是关乎人口的繁衍与家国命运的大事，政府常常会加以干预。在周朝，适龄男女的婚配问题会被提上官方议程，国家为此专门设立了管理男婚女嫁的官员，如同月老一般。据史料显示，元朝政府还会给“媒互人”发营业执照，就像如今婚介所的经理一般。

古代政府专门为此制定相关法律规定，强制结婚年龄。越王勾践要求男子二十岁婚娶，女子十五岁婚嫁；宋仁宗时期则令男子十五岁娶妻，女子十三岁出嫁；明太祖则规定男子十六岁而娶，女子十四岁而嫁；依据《大清通律》，男的十六岁而娶，女的十四岁嫁人。

春秋时期的“仲春会”定在每年阴历的“三月三”举行。《周礼》中的《地官·媒氏》曾言：“中春之月，令会男女。于是时也，奔者不禁。若无故而不用令者，罚之。”由此可以看出，“仲春会”是由官方推动并强制执行的，彼时如果有人违反规定，不参加聚会的话，还会依法受到惩罚。“仲春会”为适婚男女的相处提供了一个交往平台，从根本上提高了男女婚配的成功率。

导致适婚男子不能及时成家立业的原因很多，除了制度设计和男女性别比例失调等原因外，男女之间也缺少谈恋爱的机会，从伦理上设置了“男女授受不亲”这类人为的阻碍。古人知道这一点并不合理，便想了许多办法解决这一问题。

罚款，就是政府对到了法定年龄还不结婚之人实行的处罚。譬如，汉朝孝惠皇帝时曾有法令规定，哪一家要是有女儿十五岁至以上还未婚假的话，就罚款600钱；唐代对于男子二十岁以上，女孩十五岁以上还没有结婚的也要处罚。现在，中国新时代的政府不会再像古代那样强制适龄青年结婚了，不过如果“剩男剩女”较多的话，就会影响社会和谐，政府仍应给予重视。

戒指最初是“禁戒”的标志？

在古老的中国，戒指的使用已经延续了两千多年。从历史文献中可以看出，早在秦汉之前妇女就已戴上了戒指。戒指在宫廷中并不单单作为饰物，它还有避忌的意味。赵人毛亨所著的《毛传》中就曾提到过戒指，书中说，古时候戒指只有后宫妃子们才可以佩戴，妃子们戴戒指还有左右手的分别：一个妃子怀了身孕或是来了例假，都需要将金戒指佩戴到左手上，以告诫君主不能多加亲近；日常生活中，妃子们则需要将银戒指佩戴到右手上。由此可以看出，古代妃子们戴戒指并不是为了炫耀，而是为了不让皇上在非常时期与其亲近。有“戒旨”之意。

随着时间的推移，民间也渐渐有了戒指，女人不只将其作为自己的装饰物，还成了男女之间的信物，用于男女定情、定亲、成婚。在这些人生重要的时刻，都会以戒指作为媒介。戒指最早成为定情信物时，是男女相互赠送给对方自己的戒指。不过到了晚唐时代，这种互赠逐渐演变为由男子送给女子戒指。古人将信物看得尤为重要，送出信物与接受信物就意味着许诺了对方一生，如果双方都能坚守信念承诺，便可成全一段佳话，否则就会造成凄惨结局。

赵云竟是个文官？

赵云，又称常山赵子龙，身长八尺，英勇雄伟，是三国时期的蜀汉大将。赵云一生都替人民考虑，在平定益州时借用霍去病之事劝诫刘备归还百姓田宅令其深得民心，又在刘备爱将关羽张飞被害之后，力谏刘备以大局为重，不再讨伐吴国，被后世赞为有大局之心的儒将。

不过，虽身为儒将，赵子龙却出现在了成都武侯祠中，美名天下的名将赵子龙在人们心中是一个武官形象，为什么会出现在武侯祠中呢？难道武侯祠设置错了？为什么赵云死后，他的谥号是“顺平侯”呢？这是一个文官的谥号啊。专家曾解释，虽然在历史中蜀国并没有五虎上将的说法，不过赵云的确是一个武将，而非文将。

刘备在成都进位汉中王后，曾向当时的汉献帝上书：“军师将军臣诸葛亮。镇远将军臣许靖。扬武将军臣法正。荡寇将军臣关羽。征虏将军臣张飞。平西将军臣马超。翊军将军臣赵云。征西将军臣黄忠。镇远将军臣赖恭。兴业将军臣李严。讨逆将军臣吴壹。行护将军臣黄权……”

从刘备的上书中可以看出，赵云被封为了翊军将军。翊之意为护卫，即指是一名护卫统领性质的将领。因此，赵云真正的身份是一名武将，而非文官。赵云于建兴七年寿终正寝。景耀四年（公元261年），刘禅下令追谥赵云，姜维与众臣商议后建议刘禅追谥赵云为顺平侯。不过，为什么刘禅要在赵云死后给他加封一个文官的谥号呢？

原来，在中国传统历史的背景下，文官的地位向来是高于武官的。刘禅为了表彰赵云的历史功绩，便在爱将赵云逝世后，为其加封了“顺平侯”这一文官谥号。

古代竟有“洗澡假”？

洗澡，对于现代人来说是生活中的常事。而在古代，洗澡远远没有这么便利，那么在古代洗澡都有什么讲究？古人一般多久才洗一次澡呢？

在古代，洗澡是有体制规范的，男女都要长发束冠，在西周，人们只有在沐浴之后，才能去朝见天子，以表示对国家的忠诚与敬重。在汉朝，政府还有特地为洗澡而设立的假日，每隔五日一放假，在这一天所有的官员都要回家洗澡沐浴。据《汉官仪》记载：“五日一假洗沐，亦曰休沐。”唐朝时期，“洗澡假”由五日延长为十日，叫作“休浣”，一浣为十天。

古人称洗澡为沐浴，在儒家文化盛行的年代，洗澡被赋予了更深层次的道德文化底蕴。“苟日新，日日新，又日新。”即是最为简洁有力的诠释。洗澡不仅仅是祛除身上的污垢，更是洗净心灵的污垢。古代的繁文缛节，使得洗澡的步骤也异常烦琐。澡盆内一般放置淘米水、澡豆、皂荚、香料等物品，再放上粗细两条毛巾，细的一条用来擦上身，粗的那条擦拭下半身，洗完之后还要用热水再冲洗一遍，沐浴完更衣，再喝点东西暖暖胃，整个过程显得科学而有序。

从古代设立“洗澡假”可以看出，古人还是非常重视洗澡这件事情的。

嘉庆皇帝是被雷劈死的?

嘉庆皇帝是乾隆皇帝之子，全名为爱新觉罗·颙琰，是清朝第七位皇帝，清军入关后的第五位皇帝。不过，大清帝国自他开始，已经在走下坡路了。颙琰在位前四年并无实权，直到乾隆帝死后才独掌大权。颙琰极力整治贪污，肃清吏治，严惩贪官和珅等人。不过毕竟刚刚上位，对肃贪的惩治力度有限，最终成效并不大。最终的贪污问题不仅没有解决，反而愈来愈重。不过嘉庆皇帝在位二十五年，虽没有大的建树，也不算一个昏庸的皇帝。嘉庆二十五年，颙琰从圆明园前往避暑山庄。在山庄数日后，忽然病死，终年61岁。那么，为什么嘉庆帝会忽然死亡呢?

有关嘉庆帝的死，民间流传着各种不同的说法。

一种说法是嘉庆帝晚饭后躺在床上打饱嗝儿，忽然，热河上空雷鸣电闪，一个滚地雷猝不及防地冲着嘉庆帝扑面而来，嘉庆帝当即“触电”身亡。

另一种说法则是嘉庆帝带领兵马在木兰围场围猎。不过，由于官兵马匹不足，缺乏棉衣，群臣也不愿意长途跋涉，再加上此时生态环境恶化，以及围场官员管理不善，木兰围场猎物稀少。最终嘉庆帝打到的东西少之又少，只猎获一些小兔子小鸟儿之类的小东西。因此，嘉庆帝的猎场生活非常无趣。就在嘉庆帝决定起身返京的这一天，忽然下起了倾盆大雨，一声霹雳，嘉庆帝便在众人的保护下掉落于马下。嘉庆帝立时死亡，所有的人均惊得目瞪口呆。

在官方的史书记载中，嘉庆皇帝的死虽然突然，不过并不像民间传说得神乎其神。嘉庆皇帝在抵达承德避暑山庄后，由于无法快速适应当地气候，便染上感冒之类的小疾。大家都没有在意，嘉庆皇帝本人也没有放在心上。直到一天后，他无法呼吸。根据现代医学上的说法，嘉庆皇帝应该死于心肌梗死。嘉庆皇帝驾崩那天，热河上空确实电闪雷鸣，他刚刚逝世，天上就下起了倾盆大雨。这其实是巧合，两者之间没有必然的联系。所以，嘉庆皇帝被雷劈死纯属虚构。

为什么有人称魏晋南北朝是中国的“伪娘时代”？

“伪娘”一词来源于日本动漫，指拥有接近女性的容颜与身材，兼有男女双性的魅力。近些年来，在一些男生选秀节目中，“伪娘”一词频频出现，网络、媒体顺势推波助澜，令这些“伪娘”们迅速蹿红，有人放言，中国已进入了“伪娘”时代。殊不知，早在魏晋南北朝时期，中国已经经历过“伪娘”时代。

史书对帅哥的记载，大多是相貌俊秀、身形魁梧。而在魏晋，对美男的描绘和赞美却有所不同。魏晋的帅哥多是“容貌整丽”“有美形”“面如凝姿”“妙有姿容”的“玉人”，如同在形容美女一般。魏晋时期，男人长得像美女就会被人赞赏，柔婉的女性美是美男的准则。

潘安是魏晋南北朝的第一美男子，不但容貌俊秀，还非常注重穿衣打扮，每次出门都会精心修饰妆容。传说他驾着白羊拉的车子，在洛阳的街道上逛一圈，城内的小姐少妇都会驻足观看。魏晋南北朝时期还没献花的习惯，女人们为表达自己的喜爱，纷纷将好吃的水果抛给他，潘安每出门一趟，总能拉回满满的一车水果，由此可以看出当时的人民对美男子的喜爱程度。

在魏晋南北朝，男性除了长相俊秀吃香之外，身材好也被封为一代美男子。沈约的腰就在当时闻名天下，人称“沈腰”。沈约的身体不好，身形瘦削，腰带要不断地移孔才不会掉下来，足可以看出其瘦削程度。

在服饰上，魏晋南北朝也流行男穿女装。魏明帝就是“好妇人之饰”

的代表，他的胸前常戴着珊瑚做的项链，头戴绣花帽子。谢玄的伯父谢尚喜欢衣服上有香味，现在看来就是香水。当然，那个时候他们都用熏的，点一些香料，将衣服放在上面微熏，弄得香喷喷的。此外，男人身上也会戴上香囊，使衣服常有香味。

魏晋“伪娘时代”的到来，有着许多时代因素。魏晋240年，是一个弥漫着阴谋与杀伐的240年。生死无常，人命低贱，儒家宣扬的“修身、齐家、治国、平天下”，在这个现实的时代已经失去了价值。士人普遍出现危机感和幻灭感，所以他们才在生活上纵情享受，挣脱封建道德的束缚。很多社会名流常常放浪形骸，脱光衣服整日喝酒，日夜饮酒不再出门。贵族士大夫们，常着宽大的衣服，脚踩高高的木屐，出门坐马车，下车要仆人搀扶。虚荣与危机充斥了这个时代，“伪娘时代”由此到来。

中国第一个自称皇帝的女人是陈硕真?

在现代，人们大都认为武则天是中国历史上的第一位女皇帝。其实不然，这是一个错误。那么在中国延续了两千多年的封建社会中，到底谁才是第一个女皇帝呢？其实在武则天称帝之前，还有一位女性也曾称帝，即使没有武则天的名气大，不过也算是称帝过。她就是唐高宗年间的农民起义领袖陈硕真，自称“文佳皇帝”。

据《新唐书》记载：陈硕真是唐高宗时期睦州新安县的一个平民百姓。永徽四年，浙江一带的农民不堪忍受官吏贪求及地方豪强欺压，陈硕真与妹夫章叔胤在睦州清溪县组织农民起义。公元653年，即唐高宗永徽四年率众起义与官府反抗，自号“文佳皇帝”，十一月下旬兵败，后因手下出卖被俘，被官府的酷刑折磨而死，时年33岁。

陈硕真起兵这一年，武则天30岁，两年后才被奉为国母，称帝则到了690年。陈硕真称帝比武则天早了整整37年，可以说，她是中国历史上第一个真正自称皇帝的女人。当然这位草莽天子无法与武则天的历史功绩相提并论，不过作为第一位自称皇帝的中国女性，她的精神确实难以磨灭。

陈硕真领导的这次起义，人数只有数万，地域也并不宽广，只涉及浙皖交界处的几个州，还不到两个月就被朝廷成功镇压，官方史料的记载则更是少之又少。虽说陈硕真起兵的规模并不大，最后被官府镇压，但因陈硕真在男性占主导地位的古代，她开天辟地般的女性称帝行为，现代史学家翦伯赞称她为“中国第一个女皇帝”。在风声鹤唳、强敌如林之境，陈硕真敢于自称“文佳皇帝”，建立政权，表现出大无畏的革命英雄般的勇气。这不仅是中国历史上唯一一个领导起义的女英雄，更是比武则天称帝的时间也要早了几十年的第一位女皇帝。

在起义期间，她依照唐朝官制建立了政权，任命自己的亲戚章叔胤为仆射，总管各项事宜。在中国历史上，参加农民起义的妇女不计其数，不过真正做领袖的妇女却少之又少，而做领袖又敢称王的妇女，则只有陈硕真一人。由此可以看出，陈硕真是非常有历史魄力的一位女性农民起义领袖。

龙袍上有几条龙?

龙袍，是指皇帝上朝所穿的朝服，龙形图案绣于其上。帝王专用的袍、礼服，又叫龙衮。

人们都知道龙袍是绣有龙图案的衣服，不过龙袍上到底绣了多少条龙，许多人并不知道。据史书记载，皇帝的龙袍上都会绣九条金龙，胸前、背后各一条，左右两肩各一条，前后膝盖处各两条，衣襟里面还有一条。

为什么要绣九条龙呢？主要是由于古代帝王受《周易》的影响很大，《周易》中讲“九五之尊”。但因为九是奇数，很难在布局上做到均衡对称，于是古人便将一条龙绣在衣襟里面。如此一来，龙袍上便有了九条龙，并且无论从正反哪一面看都是五条（两肩的龙前后都可以看到），正好和“九”“五”之数相对应。

不过，也有些龙袍上的龙不止九条。譬如明代嘉靖七年曾制成“燕弁服”作为龙袍。在这样的龙袍上，盘龙团纹布于前身，两个盘龙方纹布于后身，衣领与衣袖上的龙纹一共45条，衣襟上的龙纹则共有36条。

明代万历皇帝的龙袍就绣着12条龙。12条龙因为所绣位置不同而有不同的名称，位于衮服前胸和后背位置的龙是正身的龙，即面向外的龙，古人称其为“正龙”或“坐龙”；侧身的龙则叫作“行龙”，“行龙”又按照朝向的上下不同而分为“升龙”与“降龙”。

皇帝被人奉为“九五之尊”，不过，为什么要用“九”“五”这两个数字来形容皇帝的身份呢？曾有古人认为奇数为阳，偶数为阴。阳数中以九为最高，五则居正中，所以“九”和“五”即代表着帝王的权威。还有一种说法认为“九五”源于《易经》。是乾卦中最好的爻卦，是帝王卦象的象征，“九五之尊”的说法便由此而来。

易经六十四卦都是什么?

《易经》包含了中国文化的基本哲学概念，是汉族传统思想文化中自然哲学与人文实践的理论根源，被奉为“大道之源”。其中八卦是指易经有八个卦象，为古代阴阳学说的核心，它的核心就是“为人处世，逢凶化吉”。据传，八卦是由太昊伏羲氏推演出来的，作为一种文字符号，它用“—”代表阳，用“--”代表阴，这两种符号根据大自然的阴阳变化，平行组合，组成八种不同的形式，就是八卦，表示世间万物自身变化的阴阳系统，每一卦形指代一件具体的事物。易经的八卦为：乾、坤、巽、震、坎、离、艮、兑。乾是天，坤是地，巽是风，震是雷，坎是水，离是火，艮是山，兑是泽。

据《史记》记载，周文王被陷害囚禁在羑里七年。在狱中，他潜心研究易学的八卦，通过八卦相叠，推演出现在《易经》中所记载的六十四卦。《易经》六十四卦有六十四种卦象组合，反映世间万物存在的各种现象。每一卦都有六爻和爻辞，又有三百八十四种不同状态和变化，这些卦象变化遵循大自然的运作法则，从而可以推断出某一个特定环境下的人生哲理。

“绿帽子”为何必须是绿色的？

如果一个人的妻子出轨，人们就会说她的丈夫被戴了绿帽子。但为何偏是绿帽子，而不是红帽子、蓝帽子呢？

相传古时有一对夫妻，妻子生得娇艳可人，丈夫是一个生意人，需要长年累月去外地做生意。虽然日子过得殷实，但在丈夫外出的日子里，妻子不免觉得枕冷衾寒，寂寞难耐。天长日久，妻子忍不住跟街市上一个卖布的好上了，每当丈夫外出做生意，他们就在一起厮混。有一次，丈夫做完一桩生意回家后三个月都没有外出，急得那个卖布的团团转。这天丈夫去城外打猎经过街市，那卖布的见了非常高兴，误以为他又要外出做生意，当晚便迫不及待地跑进了他家要和相好的幽会。不料当晚丈夫回来，卖布的只好在床底哆嗦一整晚。这件事后，妻子就向那卖布的要了一块绿色的布料，做了一顶帽子给丈夫，并和那卖布的约定，当我丈夫戴上绿帽子外出的时候，你就可以来了。从此卖布的一看见她丈夫戴着绿帽子出去，就放心地去找相好的巫山云雨。于是，绿帽子的说法就这样传下来了。

如果考证“绿帽子”的来源，与中国古代服制等级有密切的联系。在唐宋时期，只有贱民才穿绿颜色的衣服，唐代官吏对一些罪行不严重的犯人“令裹碧头巾以辱之”，意思是给戴上绿帽子羞辱他们。

元代的《元典章》中规定：“娼妓穿皂衫，戴角巾儿；娼妓家长并亲属男子，裹青头巾。”也就是说，娼妓家里的男子，都要戴青绿色头巾，以表明身份低贱。明代朱元璋下诏规定：“教坊司伶人常服绿色巾，以别士庶人服。”明令娼妓乐人家的男子必须头戴绿巾，腰间系红褡膊，脚上穿带毛的猪皮鞋，不能在街道中间行走，只准“靠边走”。由此一来，人们只要见着戴“绿帽子”的男人，便知他家中的女人是“青楼娼妓”。因此，戴“绿帽子”就成为某男子妻女卖淫，或者妻子私下“偷汉子”的俗称。

汉哀帝割袍断袖到底是怎么回事？

汉哀帝是中国历史上最荒唐的皇帝之一，关于他，流传着一个非常著名的典故，叫作“断袖之欢”。

汉哀帝估计是后宫三千佳丽看多了，某一天忽然喜欢起肤白貌美的青年男子来。一天，他下朝回宫的路上看到宫殿前面站着一个人，长得风度翩翩。哀帝随口问：“那不是董贤吗？”那人连忙叩头：“正是小臣。”汉哀帝当太子的时候，董贤曾经做过太子舍人。今天撞到，汉哀帝发现董贤长得更加漂亮了，他于是就命令董贤做他的随身侍从。从此之后，他对董贤非常宠爱，出门的时候坐一辆车，睡觉的时候盖一床被窝。一次他们在一起睡午觉，汉哀帝醒来，发现董贤压着他的衣袖，他生怕拉袖子会惊醒心爱的人，于是就用刀把袖子割断了。由此可见，他对董贤的宠爱到了何种程度。他还打算将皇帝的宝座让给董贤，在大臣们的极力反对之下才作罢。汉哀帝这种荒诞的爱情被人们称为“断袖之欢”，一直流传到现在。

戚夫人究竟是怎么死的?

戚夫人是汉高祖生前最喜欢的女子，她不但年轻貌美，而且多才多艺，擅长跳舞和唱歌。一到节日或者庆典的时候，便与刘邦一起欢歌纵舞，两人的生活非常幸福。

戚夫人为刘邦生下一个儿子，取名如意，被封为赵王。刘邦晚年之时，觉得太子刘盈不能堪当国家大任，便想改立赵王如意为太子。但在张良等人的反对之下，只好放弃这个念头。戚夫人在刘邦生前赚得万千宠爱，却不知因此得罪了刘邦的结发妻子吕雉。

刘盈继位之后，吕雉成为皇太后，执掌朝政大权。戚夫人母子势单力薄，常常受吕后的欺凌。吕后做的第一件事，就是逼戚夫人穿上囚衣，戴上铁枷，囚禁在永春巷舂米。戚夫人非常伤心难过，就在闲暇的时候唱歌解闷，其中有一首歌词如下：“子为王，母为虏，终日舂薄暮，常与死为伍！相去三千里，当谁使告汝？”吕后听说后，竟以此为由，毒杀了刘如意。即便这样，她还不放过孤苦伶仃的戚夫人。她命令手下剪去戚夫人一头非常漂亮飘逸的头发，并将她的手脚砍断，还用两只月牙形的钳子将戚夫人的眼球夹了出来。一段时间之后，她又用香烛熏聋了戚夫人的耳朵，并强迫她喝下哑酒，囚禁在厕所中，并给她取了一个侮辱性的名字，叫作“人彘”。最终，戚夫人不堪酷刑，郁郁而终。

后宫纳妃需要“裸检”？

在古代，能够通过选美方式进入皇帝后宫的女人并不多。在经典名著《红楼梦》中，薛宝钗一开始想通过参加选美从而进入皇宫，不过这一想法并没有成功。可见，一个女子就算长得非常漂亮，想要进入后宫也并不容易。即便进入了后宫，想要得到皇帝的宠幸，得到荣华富贵也需要靠运气。

在选美活动进行的时候，参与的美女们必须经历皇家规定的各项程序。经过这些程序被选中的女孩子在入宫之前还要接受严格的身体检查，也就是裸检。裸检的时候，工作人员会对女孩子的年龄、生理、心理等各方面情况进行详细的了解和测试。

裸检是十分严肃的，每一道程序都非常仔细。首先，在容貌上不能有任何瑕疵，身材一定要颀长，脸蛋要红润漂亮，即使皮肤上有一颗微不足道的小黑痣，也会被淘汰出局。第二道程序就是看是不是处女，年龄大多都是十四五岁左右，倘若不是处女，无论怎么漂亮都会被淘汰。当然，这其中也有例外，汉武帝的母亲王皇后就是在结婚又离婚之后才被选进宫的。

在裸检的时候，所有入选的女孩子必须脱得一丝不挂，站在女官的前面接受检查。女官会从乳房大小、阴道形状、阴毛浓淡、腋毛多少、肛门是否有痔疮等方面来进行检查。古代男子认为，腋下无毛或少毛的女孩是上品，因此，这些女孩在裸检的时候就会占优势。在各个方面都合格之后，还需要检查女孩的嗓子，让她喊“皇上万岁”，声音清脆才可以进宫。

武则天究竟有多少个男宠？

众所周知，武则天是我国历史上第一个也是唯一一个做了皇帝的女人，她把控了将近半个世纪的政权。武则天一开始实行酷吏政治，后来又凭借士人阶层打掉了关陇贵族，在武则天时代，士人阶层开始逐渐崛起。即使武则天的政绩很好，但仍有许多人固守“女不如男”的传统观念，认为她是篡位的乱臣贼子、下流无耻的荡妇。对她批判最多的，都是因为她拥有众多的男宠。

武则天到底有多少个男宠呢？官方的史书上并没有详细的记载，现在很难再考证。不过，她极喜欢的几个男宠直到现在都还声名贯耳，他们分别是薛怀义、沈南蓼、张易之、张昌宗。薛怀义本名冯小宝，原来是卖膏药的小贩，由于误伤杀人，为逃避法律的制裁，他逃到白马寺做了和尚。武则天在唐太宗死后被送到感业寺出家为尼。由于白马寺和感业寺离得很近，武则天很自然地便遇到了冯小宝。在武则天成功当上皇帝后，便封冯小宝为白马寺的住持。后来便直接召入后宫，日夜不离。长期以后，冯小宝因骄横而导致武则天对其不满，不久便被秘密处死。

后来，张易之兄弟得到了武则天的宠幸，此时武则天已经七十多岁了。而张易之两兄弟只有二十来岁，精力旺盛，每天都把武则天服侍得极为舒服。不久以后，张易之兄弟也恃宠而骄，甚至私自结党干预政事，引起众怒。神龙元年，张柬之等人发动了“神龙政变”，杀死二张，并强令武则天让位于中宗。当然，这些男宠也是她晚年政治上的一大失败之举。

谁是火烧圆明园的向导？

提到圆明园，相信每一位有良知的中国人都会对英法联军恨得咬牙切齿。那么，究竟是谁带领英法联军去烧圆明园的呢？

翻开历史的记载，绝大多数人都不敢相信自己的眼睛，这个罪魁祸首居然和著名的爱国诗人龚自珍有关系。这个带领英法联军去火烧圆明园的人就是龚自珍的儿子，龚半伦。

龚半伦原名龚橙，半伦是他晚年的号。之所以叫半伦是因为他无君臣、父子、夫妻、兄弟、朋友之伦，只宠溺一个小老婆，五伦去了四伦半，故而叫作半伦。龚半伦学富五车，他曾放言叔叔的文字狗屁不通，而其父龚自珍也不过是半通而已。英法联军和清朝开战的时候，他在上海，结识了英国公使威妥玛，成为威氏的幕僚。据说威氏非常赏识他，专门为其派了一个卫队，每月工资高达上万金。因此，英法联军进犯北京之后，他便主动上前，将联军引进圆明园，并从园中拿了许多贵重的宝物。后来，他将这些宝物里面的一部分运到上海变卖，卖来的钱全拿去嫖娼，最终发狂而死。

后世的许多人都将他骂作千古罪人。龚半伦的行为虽然可耻，但同时也反映出那个时代不可调和的社会矛盾。据说，英国公使威妥玛在礼部大堂议和时，龚半伦也在，他还对恭亲王奕䜣百般刁难。恭亲王气愤地说道：“你家世代国恩，为什么为虎作伥？”龚半伦大声回道：“我父亲不得入翰林，我穷困潦倒，只好靠外国人糊口，朝廷对我家又何曾有什么恩典？我们上进之路都被你们堵死，又被贪官污吏盘剥，只好向外国人乞食，你说我是汉奸，我却说你是国贼！”恭亲王只得无话可说。

无论朝廷如何对待他，他的卖国行径是让人们无法原谅的。他所造成的损失，是让整个民族都心痛的。

陈圆圆是怎么死的？

陈圆圆是秦淮名妓，因为美色被吴三桂用一千两黄金纳做小妾。民间传说，吴三桂就是因为她才投降了清朝。

吴三桂引清军入关之后，陈圆圆重新回到吴三桂的怀抱。后来，吴三桂被封为滇王，陈圆圆跟随前往。顺治年间，吴三桂晋爵云南王，他想立陈圆圆为正妃，想不到陈圆圆却借故推辞了。吴三桂又娶了一个正妻，正妻生性嫉妒，大肆陷害陈圆圆。陈圆圆为了躲避，就请求居住在另外一个院子里。不久之后，陈圆圆失宠，她对吴三桂也寒了心。吴三桂曾经想杀死她，她知道后就削发为尼，在五华山华国寺出家。

不久之后吴三桂起兵造反，康熙帝出兵云南，1681年冬攻破昆明。吴三桂死后，陈圆圆在寺门外的莲花池投水自尽。一代名媛就此凋零。

Part 8

医学健康/自然生命知识：生命是一个奇迹

脸皮究竟有多厚?

在日常生活中，我们常常用“厚颜无耻”“脸比城墙还厚”等词语形容对某些人的鄙夷之感，那么人的脸皮到底有多厚呢?

脸皮属于人的皮肤，皮肤也是人体中最大的器官。人的皮肤是由表皮、真皮和皮下组织构成的，表皮的厚度有0.1~0.3毫米，真皮的厚度大致在0.3~2毫米之间，皮下组织的厚度就视个人肥胖程度而定了。一般情况下，我们将皮肤的厚度定义为表皮的厚度，平均为0.1 ~ 0.3毫米。脸皮的厚度当然也在此范围之内。

因为身体各部位的功能不同，相对应的皮肤的厚度也自然不一样。譬如在人走路时，脚底会与鞋产生摩擦，因此脚底的皮肤是最厚的。而脸部皮肤就比较薄了，生物学家在解剖时发现人的脸皮的厚度基本上不超过0.1毫米。不过人的脸皮厚度并不会超过身体皮肤的厚度。皮肤有防御功能，经常使用去角质护肤品的女性，脸皮会稍微变薄，导致肌肤更容易被细菌入侵，被太阳晒伤。

人的脸皮的厚度与人本身的年龄有很大关系，年龄越大，脸皮则越厚。人在大概9个月大时脸皮是0.04毫米，15岁时是0.07毫米，35岁时厚度就已经基本固定了，在0.1毫米左右。

耳朵会一直长大?

英国著名评论家马修·帕里斯曾埋怨道，自己的耳朵在青少年时已经够大了，不过随着时光的流逝，耳朵仍一直在变大，这让他非常不舒服。那么，耳朵一直在变大到底是他自己感觉在变大，还是耳朵真的一直在长大呢？

1993年7月，伦敦的一名医生詹姆斯·希思科特和他的同事们曾研究过耳朵的大小。他们专门测量了206名30岁以上的病人的耳朵，在经过严密的计算后，最终发现耳朵在一年内大约会增长0.22毫米，50年就能增长1厘米。此后，也有多国的研究证明，耳朵会随着年龄的增大而逐渐变长。

其实，随着人身体不断变大，耳朵也在不停地生长。10岁以前，耳朵的生长速度很快，10岁以后生长速度会立即变缓，每年增长0.22毫米。如果细致地分类的话，人的耳垂的长度会一直在增加，由骨骼和软骨组成的耳道则会在晚年停止生长。

人的耳朵的确会一直在长大，那些因此而苦恼的人，不妨看看自己有没有佩戴会使耳朵更加下垂的耳环、耳钉。

起初，耳朵长大是为了使五官协调。当人的年龄越来越大时，皮肤就开始松弛，耳朵也会不可避免地下垂，使人感觉好像耳朵变大了。如此一来，耳朵到底是否一直在长大的问题便可以解释了。

人死后头发还会生长吗?

在一些小说中，人在死亡后，头发仍会不停生长，使读者感到战战兢兢，毛骨悚然。那么，人死后头发到底会不会继续生长呢?

需要提前说明的是，人在死亡后，每个器官的细胞存活时间都不一样。例如，外科医生必须在捐赠者去世30分钟以内，将肾脏、肝脏和心脏取出，并在6个小时以内植入接受者体中。而皮肤细胞的存活时间则比较长，死后12个小时，仍可顺利进行皮肤移植的手术。毛囊的存活时间较短，头发很难继续生长，但头发主要是由碳构成的，所以不易腐烂。

头发主要凭借毛囊传输的养分而生长，当毛囊内残存的葡萄糖消耗完后，就不再有新细胞生成。并且，头发的生长速度极慢，在毛囊细胞依旧存活的几小时内，头发的长度几乎不会发生任何改变。

有人曾对此反驳道，人的尸体搁置几天后，头发看起来变长了一些，那是因为人的皮肤缩水了，隐藏在头皮里的头发就露了出来，而死人的头发也更具蓬松感。

不仅是头发，人死后，指甲、胡须也好像是变长了，但这都是由于皮肤脱水而导致的。所以，丧葬承办员在殓尸的时候，会将尸体的指甲弄湿，避免尸体脱水。

所以说，人死之后，头发仍然增长的说法只是人们的错觉。

千万不能太贪睡？

很多人从小就被普及这样的知识，每天只有睡足8个小时，才有足够的精力去学习与工作。并且，也有相关的研究表明，睡眠少于6个小时会损害人体的健康。不过，这并不能证明睡的时间越长越好。

有些人身体素质不好，稍微一动就会感冒，这样的情况很有可能与睡懒觉有关。经常睡眠时间过长的贪睡者，本来日常运动就少，再加上卧室内长期不流通的污浊空气，更容易出现感冒、咳嗽等症状，损害人的身体健康。

睡眠时间过长的人大多会变得懒惰、软弱无力，就连智力也会有所下降。经常睡懒觉的人，因肌肉组织失去了活动的良机，起床后常会感到腿软、腰骶不适，全身无力。由于他们的睡眠中枢长期处于精神亢奋状态，而其他神经中枢由于受到抑制时间又太长，恢复活动的功能也会变得相对缓慢，因而会感到终日昏昏沉沉，智力也日益下降。

对于大多数老年人来说，睡眠时间过长会增加患中风的概率。据调查显示，每天睡眠超过9个小时的人中风危险比睡7个小时的人要多出70%，从这里可以看出，睡眠时间是增大中风危险的最大因素。

睡眠过多还会破坏心脏休息和运动的规律，使心脏难以收缩，非常微小的活动也会心慌乏力。如果睡眠过多的话，人体无法按时进餐，也会逐渐打乱胃液分泌规律，影响消化功能。

那么，到底睡多久才有利于健康呢？专家认为，成年人的标准睡眠时间为6~8个小时，老年人可以在这个标准上减少1个小时，青少年则可增加1个小时。不过睡眠时间具体多少最健康，还需要依照每个人的自身情况来决定，第二天感觉精力充沛，就说明睡眠时间足够。

疲劳是一种中毒现象？

日常生活中，大多数人认为，疲劳就是身体累了，休息一下就好。其实，这种对疲劳的认知非常浅显，疲劳是一种身体“中毒”现象。

医学研究证明，人类疲劳的感觉是由一些身体中特殊的物质造成的，这些物质由人体产生，在人体运动之后便会增加，血液将其送到人体的各个部分之后，人体就产生了类似腰酸背痛的疲劳感。这些物质被统称为“疲劳毒素”。那么，这些“疲劳毒素”到底是什么呢？为什么会使人体中毒呢？

其实，人体在运动过度时，体内的葡萄糖、脂肪等营养物质无法被完全地分解为二氧化碳和水，反而生成了大量的乳酸、氨、尿酸、二氧化碳等，这些物质就是“疲劳毒素”。

科学家研究显示，“疲劳毒素”中的氧自由基及诱发的氧化反应的长期毒害是引起衰老的重要元素。同时，“疲劳毒素”的产生会使机体各处的免疫系统退化，而免疫细胞的减少，会大大提高患癌的概率。

虽然“疲劳就是中毒”的这种说法听起来非常严重，不过只要让身体好好休息便可“解毒”。在多数情况下，人们在休息时，人体内“疲劳毒素”的产量会大大减少，其分解速度也会加快，这样疲劳感会随着时间流逝消失。

不过值得注意的是，疲劳毒素进入细胞内部后，会使细胞的活力和毒素清除能力下降，进而破坏细胞的正常死亡程序，最终导致人体器官功能紊乱。因此，疲劳是一种中毒现象。

为何熬夜后会胡子拉碴?

通宵赶任务或者看球赛的男人，往往会在早上洗脸后忽然发现，一夜之间就胡子拉碴了。那么，为什么熬夜后会胡子拉碴呢?

男性熬夜后，荷尔蒙分泌量增加是导致胡子拉碴的一大因素。荷尔蒙可以促进人身体生长发育，进入青春期的男性会因此长出胡须。夜晚本应是人休息的时间，人在睡着后，身体会慢慢进入休眠状态，新陈代谢速率减慢，荷尔蒙分泌量降低。当男性熬夜时，身体各部位仍处于忙碌状态，荷尔蒙的分泌量与白天一样多，引发胡须继续增长。再加上熬夜之后脸色憔悴，眼圈肿大，自然变成胡子拉碴的模样。

另外，人会在熬夜时耗费大量精力，脸部皮肤因为长时间得不到休息而进入疲劳状态，导致皮肤因缺水而紧缩，原本暗藏在皮肤内的胡子也逐渐显露。值得一提的是，胡子生长速度最快的时候是上午8点到11点。即使在熬夜状态下，夜晚也不是胡子长得最快的。

长期熬夜会令人的生物钟紊乱无序，打破身体的平衡状态，萎靡不振，了无生气，看起来面色蜡黄。因此，为了身体着想，要尽量避免熬夜。

爱抖腿是一种病？

生活中我们常会发现，有些人一坐到位置上，就开始不由自主地抖腿，给人不稳重的感觉。不过令人疑惑的是，为什么他们爱抖腿呢？

“抖腿”可分两种情况：一种是日常抖腿，是人在生活中不由自主而养成的习惯；另一种情况则比较严重，即疾病性抖腿，即使腿的主人想停止抖腿也无法停止。

现代生活中，由于人们的生活频率加快，工作强度越来越大，人们经常久坐，为了避免腿变麻，就会经常抖腿，让下肢肌肉可以稍微运动一下。也有些人会在焦虑时不停地抖腿，以缓解压力。另一种情况是，人在无聊时会一边抖腿一边乱想，让思想跟随身体的节奏一起律动。总之，日常抖腿行为只是一种人们的习惯性动作。

有一种疾病名为“抖腿综合征”，又叫“不宁腿综合征”，是指一些人由于患病的原因，一坐下就开始抖腿。这是一种神经性疾病，病症的起因是人体内多巴胺代谢异常和铁缺乏等因素，这种病还有一定的遗传概率。患病的人，不仅无力控制自己的抖腿行为，抖腿时还会伴随着疼痛感。不过在不知情的人眼中，他们只是爱抖腿而已。

人们还会在喝酒时抖腿。除患“抖腿综合征”的人外，大多数喜欢抖腿的人，只是习惯了抖腿所带来的节奏感，以此来减缓压力、消除疲劳等。不过抖腿时需要注意时间和场合，否则就会给人留下不稳重的印象。

此外，还有一种说法是肾虚的人爱抖腿，不过这个说法并没有可靠的科学依据。

尿尿时为什么会打冷战?

打冷战是人的身体因为寒冷或惧怕导致身体抽动的行为。当周围环境温度下降时，人的体温也会随之降低，人体的一些生理活动亦无法正常进行。那么尿尿时为什么会打冷战呢?

其实很容易理解，当人体的尿液在膀胱中存储着时，会吸收走人体的一部分热量，当这些热量随着尿液排出体外时，脑下垂体控制甲状腺分泌甲状腺激素。大家都知道，甲状腺激素是我们抵御寒冷的一种调节因素，我们在寒冷的时候，常常会觉得身上起鸡皮疙瘩，甲状腺激素可以刺激皮下的立毛肌，收缩毛囊，令毛发站立，在皮肤表面形成一层空气来保温后，紧接而来的便是打冷战了。

小便后体温下降，甲状腺激素自然而然地分泌了，就导致了上述的情形。如果仔细体会可以感觉到，小便后，酥麻之感会从脖子向上蔓延到头皮，向下则不会延伸太远，到手部为止。这就是甲状腺激素的效果，为什么会从脖子开始，就是因为甲状腺长在脖子上。

尿尿后打冷战其实就是人体的一种正常生理反应，不管男女都会出现这种情况，没什么可奇怪的。简而言之，尿的温度与人的体温很接近，尿尿可以带走人体身上的热量，体温就会有所下降。反应到我们的延髓体温调节中枢则会使身体产生热量，最常见的方式便是肌肉的收缩。如果身体不受控制，则会产生冷战。

为什么人在听音乐时会不自觉地打拍子？

不管一个人的音乐素养高低，每当听到音乐声响起时，脚都会无意识地打起拍子。难道每个人身体里都潜藏有音乐细胞吗？为什么听了音乐脚就会不由自主地打拍子呢？

2002年，威尔逊和戴维为了知晓脚随音乐打拍的秘密，特地做过一组电磁场实验。他们引用经颅磁刺激技术，使用电磁场来产生一股电流，电流会穿过人的头骨并刺激人脑中的目标区域。一般情况下，当电流第一次刺激被研究者大脑中控制脚踝肌肉的皮质区时，他们的脚掌自然地打起了节拍；紧接而来的是，当被研究者边被电流刺激边听节奏重的音乐时，他们脚拍动的幅度会比平常变大许多。从此项研究我们可以得出结论：音乐对人体的刺激，与电流对人体的刺激非常相近。

原始社会，人们的生存环境极为恶劣。夜晚，大家纷纷就地而睡，用耳朵听取附近发出的声音，以避免危险情况。所以原始社会的人，听觉是非常敏锐发达的，再加上人的声音里含有不同的语气与信息，人对声音的理解力也就自然而然地加强。因此，大家很容易被音乐声吸引，身体细胞也会跟随其一起律动。

有趣的是，人在听到自己熟悉的音乐声时，身体的反应会比较强烈，简直是不由自主地动起了双脚，还会晃动身体。这是因为我们的脑部已经对这些音乐进行了“拷贝”，它们的旋律已被身体熟知。除此之外，节奏感越强的音乐，越容易使人双脚打拍子，摇滚乐便是其中一个典型的例子。

脚随着音乐打拍是在世界中生活的人类都会出现的现象。总而言之，音乐声可以刺激我们的脑部神经，中枢系统根据其发出指令，脚便开始打拍子。并且，当人们仔细聆听音乐时，会沉浸在音乐所蕴含的感情中，心情也会跟随音乐而变化。

大脑，我们只开发了10%？

大脑是人体的指挥官，它的结构非常复杂，功能也仍在研究之中。曾有人说，人只开发了大脑的10％，事情果真如此吗？

第一，这个传闻的来源是不具科学性的。美国心理学家詹姆斯曾在《人的能量》中写道："普通人只发挥了其潜在智能的10％。"但他并没有说明"潜在智能"指的是大脑潜能还是心智能量，也没有给出实验根据。因此，"我们只开发了大脑的10％"中的"大脑"和"10％"的观点都引人怀疑。

第二，人的大脑是可以按照功能划分区域的，每一区域都有自己专属的作用。脑部各区域各司其职，虽说它们并不会一起工作，不过那是由于人不能同时做许多事。然而，按照传闻的说法，脑部的90%在沉睡，从来都没有发挥过作用，这是所有科学家都不敢妄下的结论。我们的脑部在白天指挥我们完成一系列任务，夜晚也在保证我们的呼吸，偶尔还带来一场梦境，沉睡的90%会在哪儿?

第三，由于生活的需要，人的脑部的重量在不断增加，而不是一成不变。猿人时期的脑部不过三四百克重，现在却增加了一千克。正是因为大脑变大了，我们才变得很聪明。如果大脑未开发的部分还有很多，大脑就应该提高开发比率，而不是一直增加重量。

大脑只开发10％的传闻是一把双刃剑，有好处也有坏处。好的一方面是，它会给人以积极的心理暗示，让人觉得自己还有很大的进步空间，因此更加努力。不好的是，它让某些懒人以此为心理安慰，认为自己做不好事是因为大脑开发度不够。

真的会“一孕傻三年”？

民间常形容怀了孕后的妇女“一孕傻三年”，这是真的吗?

这是有一定的科学道理的。妊娠的前三个月，孕妇体内的黄体酮激素一直在增加，甲状腺激素水平下降，孕妇开始出现健忘、思考能力变差等现象；怀孕后期，孕妇体内的雌三醇激素的分泌量逐渐增多，她们的记忆力随之急剧下降，无法有效控制情绪；生产后，孕妇身体还没有恢复完全，孩子的到来也让新妈妈们无所适从，可能会出现产后抑郁症，精神状态大不如孕前，做事也就不太利索了。因为这些原因，才有了“一孕傻三年”的说法。

令人欣慰的是，一孕傻三年并不是真的会持续那么久。虽然许多因素导致孕妇的身体和心理发生了一些改变，但据研究结果显示，孕傻的症状不会持续太久，只是正常的生理现象。如果孕妇在孕期补充DHA（一种不饱和脂肪酸）的话，是可以有效预防产后抑郁症，减少孕傻时间的。孕妇生下婴儿后，身体的各项激素指标也会逐渐恢复正常水平，孕妇慢慢适应了孩子的存在后，也就会立即找到新的生活方式。还有一点则是，女人都有爱美心理，产后的女人会努力修复身材，焕发往日光彩，变得更加自信。总的来说，女性恢复月经周期后，就会一点点走出“孕傻”的怪圈。

总而言之，根据研究显示，孕期女性的脑容量会减少4%，不过生产后女性的大脑运转速度会有所提高。所以，步入了生活正轨的育后女人，一孕傻三年的情况是绝不会出现的。

肥胖者也会“近朱者赤”？

2007年，《新英格兰医学》杂志发表了一项长达32年的研究结果，研究显示，无论是在生物学还是行为学方面，肥胖在社交圈中都会出现相互传染的特性。研究者对多达12067名参与者展开了随访。每隔2~4年记录一次参与研究人的体重。研究的同时对参与者的社交网络进行了确认，记录参与者的详细住址，要求提供全部一级亲属（包括父母、配偶、兄弟姐妹和子女）和至少一个好友的信息。

在对其他可能的影响因素，譬如性别、随年龄增加体重的正常增长以及经济水平的影响进行了筛选后，研究结果非常令人惊讶：当兄弟姐妹中的一个人变得肥胖时，其他人发生肥胖的风险也会随之增加40%，而配偶之间的影响则会增加37%。

不过，真正对体重造成最大影响的是朋友的体重。当朋友变得肥胖时，一个人发生肥胖的风险会增加57%！在研究中，如果两个人相互将对方列入自己的朋友名单，那么他们的相互影响风险会升高3倍之多。

值得注意的是，体重相互传染的特质似乎不会随地理的分隔而消失。即使两个朋友的居住地点相隔很远，他们对相互体重的影响也依旧存在。研究者回复这一现象发生的原因时说道，这一现象可能说明，肥胖的传染是通过改变一个人对可接受体重或体形的认知而发生的，并不只因为行为或生活方式而受到了彼此的影响。例如，当一个人在聚餐时遇到了自己很久不见的好友时，发现好友有些“发福”，他可能会觉得稍微胖些也没什么大不了；或是由于朋友食量惊人，于是他不自觉地也跟着吃得更多。之后，这个人回到家，即使在很长一段时间内都没有再见到这位朋友，却依然会变胖。不过这种影响在邻居间却并不存在。即使住得很近的邻居也不会对相互的体重产生影响。

但是，从另一个好的方面来看，虽然在试验中体重增加的人数远多于体重减轻的人数，但体重减轻也可以看出“传染”特性的相似。

随着长时间的深入研究，这两位科学家发现吸烟、饮酒甚至喜悦的情绪也同样具有传染的特质，并在2009年出版了关于社交网络对行为影响的书籍《联系》。书中指出，一个人的行为，会在社交圈中产生三重的影响，即影响朋友，影响朋友的朋友，乃至影响朋友的朋友的朋友。由此一来，“肥胖者也会近朱者赤”的说法就容易理解了。

人能把自己憋死吗？

一些想要寻死的人想出了许多千奇百怪的自杀方式，其中便有屏住呼吸，把自己活活憋死。那么，人真的可以把自己憋死吗？

对于人类来说，呼吸是可以自主控制的。人类跑步、游泳时控制气息以及憋气，都是凭借意识的控制。然而，人类在睡觉的时候，是没法这样有意识地控制呼吸的。其实结果很明显，从来没有人是一睡觉就憋死的。

由于求生意识已经深刻在人的脑海中，濒临绝境时，人体的自我保护机制会自然而然地显现出来。当一个人尝试着屏住呼吸时，他身体里的氧气就会减少，血液中二氧化碳的含量提高。人的肺部产生不适应的感觉，全部细胞都处于极度紧缩状态，主动脉中的化学感受器会把想要呼吸的神经冲动发送到大脑的呼吸中心，中枢系统命令开始呼吸，则憋死计划失败。

人的大脑抗拒人把自己憋死。世界上憋气时间最长的人是德国的汤姆·西亚塔斯，可憋气15分02秒，普通人憋气时间通常为1分钟。

清醒时不会憋死自己，那么睡眠状态下是不是就会憋死呢？答案依旧是“不”。即使你躲入被窝，在被子上裹上塑料纸，等着被窝里氧气耗尽后死亡，神经系统依旧会让你活下去。当人入睡后，人会开始无意识地呼吸，脑干自动调节呼吸速率。当发觉气闷时，中枢系统给人发出指令，使身体爬出被窝，畅快呼吸。

人体的各部分都是相关联的，当人想要自残时，身体会自动感受到疼的感觉，使你自动放弃此想法。把自己憋死就更不可能了，氧气是人生存的必需品，人最多可以把自己憋晕过去，而后开始在无意识状态下进行呼吸。

这是因为还有一套不需要意识参与的控制呼吸的机制。

无意识的呼吸，是由脑干来控制的，呼吸速率和一口气呼多少，取决于身体的需要。这一切都能自动调节。当血液中的二氧化碳增加，碳酸会增加，运动过程中产生的乳酸也会降低pH值。血液中的pH值下降，会刺激颈动脉、主动脉中的化学感受器，也会刺激延髓中的呼吸中枢。这些中枢会发出指令，让人体呼吸。由此“人不会把自己憋死”的说法就得到证明了。

人真的可能会被“吓破胆”吗？

在电影《超人回来了》中，三胞胎看恐龙时被吓破了胆。那么在实际生活里，真的会被“吓破胆”吗？

胆是人体的脏器之一，长在肝脏下缘的胆囊窝内，外表为梨形，可以贮藏、排泄胆汁，作用是调节胆道压力，帮助消化食物。在人进食时，胆囊会受到刺激，开始收缩，向十二指肠排出胆汁，以助消化。而当人受到惊吓时，全身肌肉猛然紧缩，腹内压因此增高，胆囊受到压迫，也会迅速收缩。但是，胆囊是与其他脏器相连的，并不是一个密闭的器官，腹内压就会由所有脏器一起承受，胆受到的挤压并不算太多。而且胆囊是有弹性的，受到挤压后会变扁，以保全自己。所以，胆是不会被吓破的。

受惊吓后，人的血压会瞬间升高，血管堵塞的人很容易因此病发、死亡，与胆无关。另外，要有直面恐惧、挫折的勇气，不能一受到惊吓就手足无措。

在中医理论中，“胆”有另一种含义，指的是做出决定措施的功能。这属于精神范畴，“胆”不再是具体的脏器。俗话“艺高人胆大”，意思就是技艺精湛的人敢于做出展示自己本领的决定。以此类推，“吓破胆”指的就是人受到惊吓时，精神上受到巨大打击，无法迅速做出决断，严重时会晕过去。中医有“恐伤肾”的说法，被“吓破胆”的人，身体也会埋下隐疾。

所以，作为脏器的胆是不会被吓破的，“吓破胆”只是一种心理层面的比喻。

心脏有“记忆功能”吗?

电影中出现的情节在现实中上演：一名8岁的小女孩接受了一名遇害身亡的女孩的心脏。从此以后，她经常梦见一个男子杀害她的捐赠人。后来，警方根据她所叙述的线索，竟然将凶手捉拿归案。

难道人类的心脏也有记忆功能吗？美国科学家通过研究发现，人类的心脏确实有某种“记忆功能”。这种“记忆功能”通常会作用于人的性格。一些心脏病患者在接受心脏移植手术后，与过去判若两人，反而与捐赠者的性情相似。据统计，每10例接受心脏移植手术的病人中，就会有1个人发生性格改变。这一数据让很多科学家相信，心脏细胞确实存在记忆功能，甚至有些科学家认为，大脑和心脏都是思维的器官，只是分工有所不同罢了。

在现实生活中，人们往往都有这样的经历，遇到令人烦恼的事情时，除了有时会感到头疼外，还会觉得心里“难过”，尤其是遇到严重的情况，往往还会觉得心痛。可见，心脏具有记忆功能一说确实有一定的道理。

心脏为什么不会得癌症？

当下，肝癌、肺癌、胃癌等癌症类疾病比比皆是，我们也经常听到这些名称，但是我们好像从未听说有谁得心脏癌的，这是为什么呢？

首先，癌症的发生与上皮组织密切相关，只有存在上皮组织的器官才有发生癌症的可能，而心脏恰恰不存在癌变赖以生存的上皮组织。

其次，心脏在人体中与血管构成了一个封闭式的血液循环系统，这种封闭性很好地阻止了外界致癌物质的侵袭。除此之外，心脏的功能主要是为人体血液循环提供动力，所以在血流极快的情况下，癌细胞不容易在心脏处停留。同时，心肌细胞出生之后不再分裂繁殖，所以心脏上本身出现癌变的可能性很小。

最后，心脏部位的肌肉拥有比较特殊的结构，使得心脏不患癌症。这一部位的肌肉被称为横纹肌，它不具备进行细胞再分裂的功能。所以，就算心脏里有了癌细胞，癌细胞也无法分裂增多，导致癌症的形成。

心脏位于人体深处的核心位置，又能产生10%的人体热量，种种特殊之处，令癌细胞无法在心脏里生存发展。

排毒保健品吃多了肠子会变黑?

有专家在微博上爆料，称排毒保健品吃多了，肠子会变黑，还贴出了触目惊心的对比照片。明明是排毒养颜的保健品，怎么会对肠子造成危害呢?

消化内科医师沈宗林说：“那些结肠变黑的患者，大多数都有长期便秘的毛病，他们经常服用泻叶、清肠茶等泻药。”专家介绍，很多排毒保健品都含有蒽醌类泻药，长时间服用这些药物容易使色素沉积在结肠黏膜上，难以脱落，从而使结肠发黑。

除此之外，长期服用泻药还会使肠道对泻药产生依赖性，造成结肠功能紊乱，最终使患者不能自行排便，甚至会形成恶性循环，产生更严重的便秘。

保持良好的生活习惯、增加运动量、调节情绪，都是比清肠保健品更好的避免便秘的方法。一旦出现便秘，切勿乱用药，务必及时就医。

由于排毒养颜的保健品大多都含有蒽醌类的泻药，长期服用，色素会沉积在肠道内部，慢慢地肠子就会变黑。

打针为什么要打屁股?

自20世纪七八十年代起，在屁股上打针的方法就已出现，一直延续到了今天。不过令人好奇的是，人有那么多的身体部位，打针为什么要打屁股呢?

打在屁股上的针，在医学上被称为肌肉注射，是指把药物注射进肌肉里，再慢慢参与血液循环，期间还会被肝脏处理，然后药物才会发挥作用。因为是把药物直接注入人体，而很多药物不能直接进入血管里，否则就会对人造成生命威胁，所以打针时要注射进肌肉里，而不是血管里。

之所以选择屁股，是因为它拥有着人体中最为丰满肥厚的肌肉，大的血管和神经都比较少。屁股上遍布着无数个密密麻麻的毛细血管，可以使药物缓慢进入血管，针头进去时也不容易伤到骨头。屁股上的肌肉比较发达，也就保证了药效的吸收性和作用的长久性，在屁股上打针不仅有利于药液的吸收，而且还能降低药效的损失。

但屁股上有肥厚的皮下脂肪，打针时，必须保证针头穿过脂肪层，扎进肌肉里。往屁股上打针时，要尽量避免紧张，由于臀部神经不敏感，只会让人感到微疼。但过于紧张时，神经感知疼痛的能力就会加强，屁股上的肌肉也会处于收缩状态，不利于针头扎进。特别是在遇到女性患者时，针头最好进深一些，否则药液注入脂肪里，便没有什么效果了。

咬舌自尽是怎么回事?

武侠小说里经常出现“咬舌自尽，登时毙命”的描述，却不对咬舌自尽加以解释，让人心存疑惑。那咬舌自尽究竟是怎么回事呢?

咬舌自尽的方法一般是用牙齿从舌根处把舌头咬断，这当然是很疼的，但人却不会立即死去。由于这种方法比较疼，自尽的人还有可能被救回来，所以可行性不是很高。

咬舌后，死因有三种。第一种是失血过多而死，舌头齐根而断后，伤口处的血管会不断流血，失血量过大时人就会晕眩，渐渐死亡。第二种原因是呛死，舌头根部有丰富的血管，咬舌后，人还在呼吸，血液不断进入气管，人可能被呛住，造成窒息死亡。第三种与第二种类似，即被自己的舌头噎死，断掉的舌头可能进入气管，造成堵塞，人无法得到氧气就窒息死了。

古代有一种酷刑就是将人的舌头齐根拔走，但只要及时医治，就可以保全性命。在医疗技术发达的现在，没有舌头的人自然能够存活，失去部分舌头的人，甚至还能接回断舌，而且功能如初。

此外，有人认为咬舌自尽的人是活活疼死的，这是错误的观点。虽然人的舌头上有痛觉神经，但失去舌头后，只要止住血就还能活。另外，存心咬舌自尽的人，一般都具有超强的意志力，忍受疼痛的能力也就比较强。

有没有绿色毛发的哺乳动物？

大自然中有着各种各样的动物，它们除了外形长得不一样，颜色也各异。不过，就哺乳动物来说，我们却很少见到有长着绿色毛发的哺乳动物。这是为什么呢？难道动物的毛发颜色可以自己选择吗？

其实，根本原因是绝大多数哺乳动物是无法分辨出绿色的。有人说哺乳动物毛发只有黑、褐两种色素——但并没有说出其中的缘由。反对上面说的陆生哺乳动物大都生活在地面或树干上，绿色不是动物们的身体保护色——这样的说法是存在误区的，它们的毛发颜色正是保护色，橙黄褐色的毛发就是绿色的保护色。

从色素角度来讲，哺乳动物的毛发只有两种色素：一是真黑素，二是褐黑素，前者为黑色，后者为棕色或是橙色，再加上白化基因，所以哺乳动物的毛发只能产生黑、棕、白这三种颜色。并且，棕色和橙色其实是同一种颜色，只是亮度不同。

绝大多数哺乳动物的色觉，与人类的红绿色盲相当。

动物毛发的颜色，一般作为保护色，使自己隐藏在背景中不被敌方发现，使得捕食者或被捕者难以发现，譬如蚱蜢、螳螂的草绿色，蝉的棕黑色，鱼类的腹白背黑。其他的则作为警戒色，用鲜艳刺眼的颜色方式警告对方：“我有毒，别吃我。”譬如一些毛虫、蜘蛛、蝴蝶鲜艳的颜色。警戒色只有被猎食者才会用，而且它们大多是有毒的，保护色则两者都会用到，没有毒性限制。哺乳动物身上没毒，毛发颜色都是保护色，但很多都是在绿色的树林、草丛中，披着一身黄皮。

当哺乳动物成为地面的主宰之后，它们的天敌或者捕猎对象，一般也是其他的哺乳动物。所以，很大程度上，保护色只需要骗过同为红绿色盲的其他哺乳动物就够了。少部分例外，比如鹰捉兔子，对于兔子而言，每年死在鹰爪下的兔子，比起死于其他哺乳动物的同胞，实在是少得可怜。所以即使偶尔有那么一两次基因突变出绿兔子，也不会提升多少生存优势，反而可能连带其他疾病，于是就不会继续进化下去了。

很多人会有疑问，如果绿毛与橙毛没有好坏之分的话，那为什么只有橙毛而没有绿毛呢？因为进化是一个复杂的过程，基因突变不是主动的，而是随机乱碰、不可控的。绿毛这个性状本身是无害的，但你想突变出绿色素的基因，需要弄出一段全新的基因编码，这些编码都是靠胡蒙乱堆，巧合得来的，而不是专门为绿色素编译的，所以它一定会伴随其他的性状，而这些性状是没有规律的，绝大多数是对生存不利的。

这样就可以理解，为什么哺乳动物没有绿色毛发了。生活中，我们有见过绿色的狗狗或者是小猫吗？并没有，因为这个特点是动物长期以来进化的技能，也是最有助于它们继续生存的模式。

梦游的人是在做梦吗?

我们可能见过梦游的人，他们明明睡着了却还爬起来胡言乱语，甚至还跑出去溜达。那梦游的人是在做梦吗?

梦游与做梦这两种现象区别很大。二者的共同点是入睡后大脑皮层未完全进入抑制状态。梦游是一种睡眠障碍现象，又被称作“睡行症”，指人从深睡中突然睁开眼睛，在半醒状态下会自行下床做一些奇怪的事，并且表情呆滞，行动迟缓。做梦是指人入睡后，脑海中出现各种奇异现象。以此来看，梦游与做梦无关。

做梦者的心情会随着梦境改变，比如说梦到被人追杀就会有害怕的感觉，醒来后也能记起一些片段；但梦游者就算在中途被人叫醒，也想不起自己做了什么，只会感觉迷惑，对当前的局面一脸茫然。所以，梦游的人不是在做梦。

一旦出现梦游与做梦的现象，则说明你的睡眠质量不够好。做梦者经常梦到自己关心的事，说明心理压力比较大。而梦游会影响到别人的生活，家人可在梦游者梦游时，采取“厌恶法”治疗将他叫醒，比如在地面上放一些尖锐的物品，当梦游者踩到上面有疼痛感，就会被惊醒，并在潜意识里留下被伤害的印象，从而减少梦游的次数，或者用报警器或闹铃进行声音刺激，也能帮助梦游者恢复正常。这是目前最有效的治疗方法。

另外，研究表明，梦游症多发于沉睡后的两三个小时内，这个时间段内的人是不会做梦的，因为人们都是在快速眼动睡眠阶段做梦。所以，梦游又称为“睡中行走”，而不是“梦中行走”。

孩子的骨头比成人多？

成人在年龄与形体等各个方面比孩子大许多，如果这样推理的话，成人的骨头应比孩子多，但事实并不如此。研究证明，孩子的骨头比成人还要多，这是为什么呢？

成人的骨头共有206块，其中躯干骨51块，颅骨29块，上肢骨64块，下肢骨62块。分为颅骨、躯干骨、上肢骨、下肢骨四个部分。不过，儿童的骨头却比大人的多。

这是因为儿童的骶骨有5块，长大成人后自动合并为1块了。儿童尾骨有4～5块，长大后也以同样的方式合成了1块。儿童有2块髂骨、2块坐骨和2块耻骨，到成人后也合并成为2块髋骨了。如此加起来，儿童的骨头要比大人多上11～12块。由此看来，孩子的骨头确实比成人多。

巧克力是狗狗的致命毒药

有很多人爱吃巧克力，自己大快朵颐的同时也希望自己心爱的狗狗能品尝。有的狗主人想要和狗狗分享美味的巧克力，却碍于不能喂狗吃巧克力的说法迟迟不敢行动，那么，为什么不能给狗吃巧克力呢？

有许多人不知道，巧克力是人类的美食，却是狗的“砒霜”，甚至有可能让它们丧命。

人们通常食用的巧克力是由可可豆加工制成的，其中含有多种甲基黄嘌呤等衍生物。狗是人类忠实的朋友，但它们并不是灵长类动物，因此不能有效排出体内的甲基黄嘌呤等物质。只要服下小剂量的甲基黄嘌呤等物质，狗就会产生呕吐、腹泻等症状。除此之外，巧克力中还含有大量的可可碱和少量的咖啡因，如果狗误食过多巧克力，还有可能发生肌肉痉挛，甚至产生休克。

虽然狗有消化少量巧克力的能力，但具体能消化多少，则与它的体形和所食用的巧克力类型有关。而且巧克力越纯正，狗受到的伤害也越大。以可可碱为例，狗的最小中毒剂量是每千克体重16毫克，而在实验中导致一般动物死亡的半数致死剂量是每千克体重300毫克。常见的牛奶巧克力中含有的可可碱大约是1.4毫克/克，而黑巧克力中所含的可可碱是其十倍之多，即14毫克/克。也就是说，对于一只体重约3公斤的博美而言，只要一次吃下3.42克黑巧克力就可能中毒，这仅仅只是一小口；一次吃下10克黑巧克力就可能发生严重的呕吐和痉挛；如果一次吃下60克黑巧克力就会因为心跳速度过快和肌肉强直而导致死亡，这不过是一板巧克力的重量。

不同纯度的巧克力所含的可可碱比例不一样，对狗狗的危害程度也不一样。另一方面，狗狗体形越小，消化能力越不好，更容易因误食巧克力而丧命。

巧克力对狗狗的危害作用是一个缓慢的过程，虽然狗狗刚吃下巧克力就丧命的概率不高，不过巧克力对狗狗健康的危害是毋庸置疑的，主人一定要避免让狗吃巧克力。如果有人误喂，可立即为狗狗喂食活性炭，即可及时有效地避免可可碱通过消化系统进入血液循环，产生严重的后果。

贫血就一定需要补血吗?

首先，贫血是指血液里的红细胞数量减少或红细胞里的血红蛋白减少。因此，贫血并不是一种独立的疾病，而是一种综合临床症状。所以，导致贫血的原因有很多，并不是一出现贫血症状就要去补血。

造成贫血的原因可分为三类。第一类是红细胞生成减少，由造血原料异常或造血细胞异常引起，例如铁的来源不足、白血病。第二类是红细胞破坏过多，又称溶血性贫血，是由红细胞异常或红细胞外环境异常所造成的，例如铅中毒和新生儿溶血。第三类是失血过多，通常由外伤引起。

分析以上病因，如果贫血原因是人体摄入的造血原料不足，自然需要补血，多吃含铁和维生素的食物。如果是吸收、利用造血原料的环节有了异常，一味地进补也是于事无补，要先调理好相应的造血环境。如果是失血过多，医生会直接输血，而后稍微进补即可。

有些人感觉自己体质虚弱，有些贫血，就去盲目进补，买商家大力宣传的补血商品。这种做法存在一定风险，因为不及时就医的话，分析不出真正的贫血原因，无法做到对症下药，病情就可能会逐渐恶化。

贫血不一定就要补血。引起贫血的病因多种多样，病因不同，要采取的治疗方法也就不同。

常接吻可以更长寿吗?

接吻是一种非常亲密的举动，很多人在看到这种举动时，都会因此而感到不好意思。但是，接吻并非只是一种简单的情感表达的方式，它对人的身体健康也有很大的帮助。

有人说，接吻是一个力气活，可强身健体。这话的确具有一定的真实性。在接吻的过程中，人体内的很多组织都在不同程度地参与。据说，人们在接吻的时候，差不多有30多块肌肉参与其中。这些肌肉不仅仅包含舌头、嘴巴，还有脖子、面部等多块肌肉。

其实，接吻不仅促进了人体肌肉的运动，还能促进人体分泌大量的激素物质，从而增强人们自身的免疫系统。当然，每个人的口中都含有大量的唾液，在接吻对象的口中，一旦加入了不同的唾液，这些微生物便会产生反应，刺激一个人的免疫系统产生特定抗体，这一过程被称之为“交叉免疫”。交叉免疫不仅可以提高人的抵抗能力，更能加快人的分泌系统分泌激素，从而起到强身健体的作用。

人们在接吻的过程中，不仅能加快血液循环，还能增强自身的自信心。科学家们经过研究实验证明，经常接吻的人要比不经常接吻的人活得更长久，身体素质也会更健康。

不会游泳的人在游泳时腿肚子为什么爱抽筋?

不会游泳的人，在水里很容易出现腿肚子抽筋的情况，这种情况是非常危险的，很多人都因此而发生危险。为了避免此类事件的再次发生，有必要来一起探讨一下腿肚子抽筋的原因了。

首先，我们要了解腿肚子抽筋并非是运动过度所造成的，其真正的原因在于呼吸混乱。对不太会游泳的人来说，游泳时最大的困难就是呼吸的调节。这些人无法像在陆地上那样自由呼吸，尤其是在摆动的过程中，他们难以换气，以至于总是因为喘不上来气而匆匆忙忙浮上水面深吸一口气。这样一来，血液中氧气的含量就迅速减少。肌肉运动的平衡也会因此被打乱，最终导致腿肚子抽筋。

蹲着排便更健康吗?

在坐式马桶进入千家万户后，人们都坐在马桶上排便，很少有机会蹲着排便。但有种说法是，蹲着排便更健康，这是真的吗?

“蹲着排便更健康”的说法来自网络上的一组图片，说坐着排便会导致便秘，蹲姿才是健康的排便姿势。此说法的依据为，与坐姿相比，蹲姿会使耻骨直肠肌完全放松，排便时不仅更轻松也更加彻底，可以减少便秘的发生。但事实情况是，蹲着排便更省力更顺畅，坐着排便也不会导致便秘，没有孰优孰劣之分。

蹲着排便时，直肠肌与直肠形成的肛肠角角度最大，直肠最直时，排便更顺畅。坐着时，肛肠角为80~90度，蹲着时，肛肠角可达到100~110度。此外，下蹲时腹部压力大，可促进排便。而坐着排便时，虽然肛肠角角度较小，但是是否便秘却跟角度大小无关。

有些人认为，人在蹲着排便时用力较小，有心脑血管疾病的人可以采用蹲姿。但患有心脑血管疾病的人大部分都是老人，当他们蹲下时，腿部和膝盖受力较大，容易发生滑倒、骨折等意外。而坐着排便时，他们会因为用力过大而突发心脑血管疾病。所以，对他们来说，蹲姿和坐姿都有一定风险。

无论是蹲着排便还是坐着排便，都有其优缺点，不能说哪种姿势更健康。我们可以根据自身情况，选用合适的姿势。

长期穿人字拖不健康吗?

人字拖柔软舒适的鞋底和简洁大方的设计受到很多人的青睐，但有的人说，长期穿人字拖会对人体造成一定的危害，这是真的吗?

人字拖一般采用海绵等质地柔软舒适的材料，但这种材料并不能给我们的双脚很好的支撑。它会让你的脚掌向下陷进里面，没有拱形支撑的双脚可能会使你后脚跟、足弓和脚趾疼痛，会让你的肌肉和肌腱不堪重负。

人字拖只有一个V形皮带缚着脚趾，当你要抬起脚的时候，脚趾的肌腱要完成全部工作。时间长了，很可能会引发肌腱炎。

如果你习惯穿高跟鞋，人字拖还会让跟腱拉紧，这可能会让小腿肌肉过度拉伸。由于人字拖对脚踝没有支撑，使得扭伤脚踝变得更加普遍。

在我们行走的过程中，由于人字拖对脚掌后部的不断拍打，这会让你的皮肤变得干裂粗糙。时间一长，干硬的皮肤就会开裂、流血，导致脚底生茧和脚后跟皲裂。

除此之外，人字拖还会对人体的髋关节和腰关节造成一定的损伤。在穿人字拖的时候，你往往会不自觉地加快步伐、步子变小，但这样的走路方式很容易引起身体其他部位的疼痛。

Part 9

情感知识：男女那些事

为什么会一见钟情?

历史上有许多一见钟情的典例，例如司马相如与卓文君、汉成帝与赵飞燕等。可见一见钟情并不是人们瞎编乱造的，而是真实地存在于我们的生活当中。那么，为什么会一见钟情呢?

人们心里都会藏有一个“梦中情人”，一见钟情的原因一是由于人们脑中理想条件的伴侣与对另一半的期望高度吻合产生的。另一原因则是由于生物的进化使我们迅速爱上那些身形高大，气质优雅的帅哥美女。

每个人的心中都有一个崇拜的人，这个人可能是我们的亲人，也可能是某个偶像。当生活中出现一个人，即使你和他素未谋面，他却按动了你记忆的开关，让你有一种熟悉的感觉，甚至产生强烈的爱慕之情。事实上，这就是对方的长相激起了你脑中那份深沉的感情，他可能和你崇拜的人在性格、外貌上吻合，也或者是与你的亲人相似。我们不自觉地把他当作心里那个期待已久的人，并深深地迷恋。这种现象在心理学上被称为“替身效应”，也就是所谓的一见钟情了。

心理学家荣格认为，双重性格是人与生俱来的。在我们还是胎儿的时候，并没有明显的性别差异。只是随着年龄的增加，受到荷尔蒙和社会对男女不同要求的影响，我们的性特征越来越明显。久而久之，我们就相信自己只有一种性格了。然而，我们长大之后，与另一性格相关的气质仍然被保留下来，成了一种“集体潜意识”，深深地埋藏在我们的心底深处。集体潜意识是与生俱来的，而又意识不到的一种东西，但它却会潜移默化地影响群体的行为。当我们一见钟情，就可能是被心中的另一个自己所吸引。

一见钟情的对象往往是帅哥美女，因为在我们的潜意识里，这些人具有更加优越的基因。当一张新的面孔出现时，大脑在几秒之内就会进行快速的反应，释放的多巴胺使我们处于兴奋的状态。从进化论的角度来看，一见钟情也是一种生物本能。

为什么单身被称作“单身狗”？

大龄男女青年都自嘲为“单身狗”，这是一个极具自黑意义的词，不难看出其中的心酸和无奈。为什么单身要叫作单身狗而不是单身猫、单身熊呢？

在中国的文化语境里，狗是忠诚、老实的标签，但也被赋予了贬低侮辱的意味。以单身狗自称，是把自己放在一个极低的位置，这样做能够带来“弱者效应”，从而快速找到群体认同感和情感共鸣。

“单身狗”这个称呼其实是在2011年才出现的，之前的单身都叫“单身贵族”，是指那些物质和精神条件双优的单身年轻人，现在的“单身狗”大多也是受过中高等教育的年轻人。从“贵族”转变为“狗”的原因是，这一类人生存状态的变化。从1999年开始，大学扩招计划使得更多的人受到高等教育的同时，也面临着毕业即失业的困扰。很多的高校毕业生不仅面临着工作难找，工资低的境地，还要受到高房价的威胁。不论如何努力，挣钱的速度似乎永远也赶不上房价上升的速度。这个时候，如何让一个单身青年安心地做“单身贵族”？还是叫“单身狗”比较合适。

单身为何叫作单身狗，说白了就是年轻人对自己的自嘲。出于自黑的效果，这个带有一定侮辱性的词比直接称呼自己是单身男、单身女更能显示出热气腾腾的情感味。

“七年之痒”是因为人体细胞更新吗?

“七年之痒”是指热恋的双方到了第七年时，浪漫就会随着时间而逐渐消失。也有人对此解释为“七年之痒”是因为人体细胞的更新，这是真的吗？

性感女星玛丽莲·梦露曾主演过一部叫作《七年之痒》的电影，随着票房的大卖，“七年之痒”逐渐成为外遇的代表，为人所熟知。其实许多事情发展到第七个年头都会出现一些问题，爱情也不例外。在婚姻的第七个年头，生活就会出现无聊、乏味的现象。

事实上，人体细胞的更替是正常的新际代谢现象，与人的情感无关，所以这种说法是错误的。

那么为什么说“七年之痒”呢？研究人员在对2000名已婚男性进行调查后发现，大部分发生出轨的男性是在婚姻的第四年或第五年，而女性出轨的时间则在七年之后。我们不难发现，“七年之痒”只是一种习惯性的说法，并没有科学的意义。

在朝夕相处的婚姻生活中，夫妻随着彼此之间的接触越来越细致、全面，神秘感逐渐消失。而社会、人际、职场压力会接踵而至，巨大的压力也会使婚姻生活变得单调乏味，夫妻之间的感情逐渐淡化。

婚姻中的“七年之痒”有时也指随着婚姻生活的延续，夫妻双方对现有的婚姻生活中的性生活失去兴趣和激情，而不是因为细胞更新导致的。在婚姻中，只要夫妻双方能够互相包容、关心和理解，就可给婚姻生活注入新的活力，让爱持续下去。

“胸器”为什么能够吸引男人？

男性对于女性的胸常常会失去抵抗力，总觉得女性的胸特别性感神秘，但是如果继续询问胸为什么性感时，男人却回答不上来。为什么女性的胸能够吸引男性呢？

对于婴儿而言，乳房对于他们就是粮食源泉。每当饥饿时，就会有又大又圆的乳房给他们带来安全感，而且乳房越大就越能够提供更多的乳汁。当男孩长大后，就再也得不到母亲的乳房，但是婴儿时期对乳房的满足感和幸福感会留在心中，让男性对乳房充满了崇敬与渴望。

随着社会的发展，女人的胸成了禁忌，被束缚了起来。而现代的服饰看似把胸遮挡起来，实则是更加突出。男性对得不到的却又始终诱惑的东西充满向往。

心理学认为，4~5岁的男孩都会有“俄狄浦斯情结”，即儿童在性发展的对象选择时期，男孩会把自己的母亲作为性幻想对象，他们会迷恋在母亲怀里吮吸乳汁的快感，并把母亲作为自己的所有物，占为己有。大部分的孩子都会顺利地度过这个阶段，但是这种“情结”一直隐藏在男孩的内心深处。长大后就会把幼时的感觉转移到其他的女性身上，为了得到像幼时那样的感受，男性会下意识地想要女性的胸部更大些。

男性无法像女性那样拥有丰满的乳房，必须经过漫长的等待才有机会和乳房进行亲密的接触。所以对很多男性来说，胸都是神秘的，性感的，令人向往的。

情侣同床睡觉之间的距离可反映出情感状态?

有人说，不同的睡姿反映了情侣之间不同的情感状态，这是真的吗?

据调查显示，情侣双方睡觉距离在1英寸（约2.5厘米）的感情更好，更开心。不管什么姿势睡觉的情侣，同时还有触摸的话，生活会更加开心。那么，你是怎么和你的另一半睡觉的?是不是早晨醒来，发现面对着墙壁，或者头脚颠倒?

一项新的调查则研究了情侣睡觉的姿势和他们感情状态之间的关系。这个调查有1100个人参与，调查发现，关键是情侣睡觉时之间的距离。1英寸，是幸福的黄金分割线。

精神病学家发现，如果人们以婴儿的姿势蜷缩着睡觉的话，很可能是焦虑导致的。而那些膝盖弯曲呈“半婴儿”状态睡觉的人，是平和、容易妥协，不喜欢走极端的人。采用平躺睡觉姿势的人，更加自信。而趴着睡觉的人多半是完美主义。

来自赫特福德郡大学的心理学家理查德·怀斯曼教授主持该项研究，他说：“调查发现86%的情侣睡觉距离在1英寸之内，他们更加开心。同时也有66%的情侣睡觉距离在30英寸即0.76米。”

为什么相爱容易相守不易？

常有人会感叹相爱容易，相守不易。许多最初令人艳羡的情侣最终闹到翻脸分手的地步，为什么爱情会这么不坚固呢？

心理学上的“吊桥效应”是指男女在危险的情境中都更加容易陷入爱情。很多人把在紧张时刻出现的口渴感、心跳加速等生理上的兴奋误以为是性冲动，于是在心里埋下了爱情的种子。甚至有的人提出爱情等于刺激、生理唤醒和认知标签的总和。这都说明人们总是很容易就陷入爱情。

随着交往深入，热恋时被压抑的自我得到释放，卸掉层层的伪装，露出真实的自我，回归到真实的状态，情侣发现很难再找到以前的那个完美伴侣。

在这个过程中，双方的信任感增强，沟通的广度和深度也在加深。但同时，这也是一场风险的赌博。人的内心是由三层组成的，就像洋葱一样，最外面的一层是保护层，接下来是伤痛，最后才是真我。互相了解的过程就像剥洋葱一样，越往里越会使人流泪。每个人的内心都会有伤痛存在，这可能是童年时的痛苦回忆，也可能是未完成事件的遗憾。当恋情进一步发展时，例如情侣的自私和狭隘就会使对方感到痛苦。

当相爱的双方到达相守的地步时，就需要两个人接纳伴侣的缺点。如果双方的反应都是积极和接纳的，恋人就会感到心理上的陪伴和支持，坚定地互相鼓励。走进对方的心，爱情就会发展到稳定的时期。

也许爱情的开始是因为一时的心动，而之后的接纳过程则需要两个人都互相包容。要想长久地稳定一段爱情，我们要做到关心、尊重、责任和认识。只有我们用自己的真心理解关心爱人，才能维持一段长久的恋爱关系。

女孩为什么喜欢手拉手？

在生活中我们会发现，不管是在商场还是大街上，经常会有女孩手拉手一起逛街，而男孩则很少这样。那么女孩为什么喜欢手拉手呢？

原来对于女性来说，她们更喜欢用碰触来感受亲情、友情和爱情。在遇到伤心或委屈的事时，女性也更希望得到一个拥抱，这不只是一种亲密无间的表现，而且会给女性带来心灵的满足。女性比男性触觉敏感与催乳素有关，催乳素不仅能促进乳腺发育，维持泌乳的作用，还起着兴奋触觉感受器的作用。在某种情况下，外界的刺激会使腺垂体分泌一定量的催乳素，催乳素会造成触觉感受器兴奋，使人产生一种希望牵手拥抱的欲望。但男性体内的催乳素含量远远低于女性体内的催乳素含量，所以男性对牵手拥抱的欲望不大。

同样是一个拥抱，女性的感受也更复杂，她们能够从拥抱中获得更多的温暖和安慰。而男性对于一般的身体接触却毫无感觉，特别是当男性正全神贯注地做一件事时。所以，两个女性之间的身体接触是男性的4~6倍。

除了催乳素的不同之外，男性的皮肤也更厚实粗糙。这样的进化有利于男性在狩猎工作中对小的伤痛具有更大的忍耐力。但在幼儿时期，不论是男孩还是女孩，触摸都是非常重要的体验，通过与父母亲的接触，会让他们有安全感和被关爱感。而随着年龄的增长，女孩对触觉的敏感度增加，而男孩对触觉的敏感度降低，所以女孩更喜欢手拉手。

为什么女生有“体香”？

事实上，对于体香，自古以来就有非常多的记载，可个中原因人们却一直难以解释。一种解释是，人自身可以蕴含并释放本体的性香，这种性香由男女性体内雌二醇酮工作产生。大部分是伴随着年龄增长而逐渐变化，在青春发育时期就更加浓郁诱人，异性对此感受是最明显的。

还存在另外一种解释是，人体分泌的汗液里包含一种称为丁酸酯的物质，它浓度恰好，才是女性特别拥有的体香。那么，女性的体香到底从哪里来？

香女从古代开始就有了，相关的文献非常多，每个人的香气都不同，由于国家不同，人身上的香气也不同。

在我国最著名的香女应该是西施以及杨贵妃二人，西施因为相貌美丽，身上有自然的香味，被越王送给了吴王，吴王专门给西施修建香水溪、采香路，天天在美妙的香气里度过。杨贵妃最为有名，她的香气是来自汗液里面，只要走路就出汗，但是汗水却是带着香气。

布鲁塞尔的一项研究表明，每个国家的女人，香气也不一样。美容中心让每一位参加的人都用特制的香皂洗好澡，然后让她们出汗，接着再用相关的仪器进行测量，发现她们的香味都不一样。法国女性带有一丝丝奶酪味，英国女性带有一丝丝藕香味，瑞典女性带有一丝丝木槿味。

武汉有一位香女，在武汉大学人民医院进行了相关的检查。专家发现，她身上的香味是檀香味，香气是由于皮脂腺异常分泌的。还有一些研究说是和饮食有联系，可是国外的体香来源却一直没有定论。

为什么“男人不坏，女人不爱”？

很多的影视作品都给我们这样一种印象，人品很好但是性格木讷、不善言辞的老实人总是得不到女主角的爱，而那些油嘴滑舌、性格活泼的“坏男人”却能够得到女主角的倾心。为什么坏男人对女人总有一种不可抵挡的诱惑呢?

“坏男人”更善于和女性沟通交流，也更懂得制造一些浪漫的氛围。即便是在追求被拒后，他们也会死皮赖脸地继续追求，直到把女孩追到为止。而好男人出于对爱情的负责，不会轻易地对女生许下诺言，大开空头支票。

女性对于配偶的选择还会受到月经周期的影响。处于排卵期的女性受到荷尔蒙的影响，更容易被富有“男子汉”气概的男性所吸引。

从进化心理学的角度看，女性有短期择偶策略和长期择偶策略。后者适合找丈夫，而前者更适合找情人。当女性进行短期择偶时，她们偏向于更具魅力的“坏男人”，英俊的外表意味着男人拥有更加优秀的基因，选择这样的伴侣，意味着孩子也能得到这样的基因。获得父亲的“风流基因”也意味着孩子在将来能够更容易地吸引异性，有利于女性的基因得到更好的传播。正是在遗传进化上具有一定的优势，“坏男人”的基因也被保留下来。

女性的择偶策略并不是指女性理性地想出来的择偶手段，而是受到排卵期的荷尔蒙的影响所产生的择偶本能。

女性在排卵期受到荷尔蒙的影响，因本能而选择“坏男人”。当然，“好男人”也不必伤心，在女性的长期择偶策略中，男性的社会地位、经济条件以及良好的性格都会成为女性择偶的重要因素。有些时候，好男人不妨也学习一下哄女孩开心的方式，让自己变得更加有魅力。

失恋时疯狂购物能缓解悲伤吗?

许多人在感到伤心时，会通过疯狂购物的方式来让自己脱离失去的现实。这种办法真的可以缓解悲伤吗？据国内消费调查结果显示，女性在极端情绪下消费的数量高达46.1%。也就是说，很多人极易患上购物狂妄综合征，即变身“购物狂”。她们生活在后现代消费时代，有着新的消费观念，但又会做出连自己都预想不到的非理性消费。心理学家认为，购物狂往往希望通过购物来发泄某些压抑的情绪，或是用这些物质刺激来填补内心的空虚。

《消费心理学期刊》刊登了一篇密歇根大学商学院的研究论文，探讨了这个现象。研究结果显示，第一个实验购物组有79%的人体验到了控制感，只看不买组则只有2%，而且购物组的悲伤情绪确实出现了显著下降。第二个实验结果表明，与没有控制感的情况相比，在经历了有控制感的购物后，被试者的悲伤情绪更低。

不过值得注意的是，研究者的实验中，志愿者只有一笔固定的预算，在事先圈定好的几种商品中做出选择，所以不用面临购物失去控制的问题。在现实生活中，悲伤情绪的影响下做出的没有经过深思熟虑，失去理智的购买，也可能会让我们在事后感到沮丧、后悔，从而加深自责、悲伤与压力。

这些人有压力或悲伤时选择冲动地去购物来缓解，之后又对自己充满失控的自责和憎恨，把一切问题都归因于自己。久而久之形成了购物成瘾行为。虽然购物后难受，但是遇到压力和悲伤又不自觉地去冲动购物。有时候他们自己都不确定是否要戒除购物成瘾，因为对内心的奖励太大，太开心了。购买前愿意享受那种短暂的快感，而购买后又不断发誓下次不这样，不断体验痛苦。同时也需要忍受财务恶化带来的后果。

综上所述，我们可以从个人心理来解释并控制自己的疯狂购物，避免自己经常性地为情绪埋单。前提是自己需要相信自己能缓解，而不是暗示自己不能缓解。不是暗示自己一定要很多东西来放纵内心才能开心。悲伤来源于失去，得到控制感的精神方面的感觉和实物这样物质方面的好处都会得到缓解。压力来源于自己认为自己无能力应对压力源，所以提高能力和改变认知都可以减轻压力。除此之外，运动和社交等方法都是不错的缓解办法，但最重要的还是要有一个强大的心理素质。

男人的性行为符合“公鸡效应”？

公鸡效应也叫柯立芝效应，指的是如果引入可受孕的新伙伴，雄性和雌性动物都会表现出高频率的、有持续性的性行为。男人的性行为也符合公鸡效应吗？

男性在性交之后会出现不应期，即无法立即和同一个女性再次发生性行为。但如果现在有另一个女性出现，则射精后的不应期就会缩短甚至是消失。在我们的大脑中有一种叫作多巴胺的激素，它是大脑的奖赏中心，能够让人产生兴奋和欢愉的感觉。而新的性伴侣能够刺激多巴胺的释放，左右你的行为，使你产生不忠的行为。

从进化心理学的角度看，公鸡效应能够增加人口，有利于部落的壮大。古代的部落之间经常会发生战争，而男人是战争的主力军，但战争会使男人的数量减少，男性为了使自己有更多的后代，便会与更多的女性结合，使自己的基因更多地保留下来。

现代社会是一夫一妻制，但这种原始的冲动依旧保持在男性的脑中。男人渴望与不同的女性发生性关系，以获得最大的生殖利益，这是动物的本能。但是并不能借此来掩饰自己错误的行为。

不仅是公鸡，几乎所有的哺乳动物都会出现“公鸡效应”。雄性动物希望得到更多的异性来保证自己的基因有效地遗传下去。但是这样的行为必然会导致诸多的问题，甚至引起社会的混乱。

照相越爱笑，婚姻越幸福？

据研究发现，人们在照片中的笑容，可以“预测”未来婚姻是否幸福。

德波大学的科学家们，调查了1200多名21~87岁的志愿者。研究人员首先查看了志愿者们大学时代的相册，根据照片中的嘴角提升程度与眼角皱纹多少，将他们的笑容“强度”划分为10个等级。

与相应的志愿者婚姻状况对比后，研究人员发现，笑得最“开”的10%的志愿者没有离婚的情况，最不爱笑的10%的志愿者中，近25%有离婚经历。研究人员又调查了另一部分年龄在65岁以上的志愿者，请他们提供了自己的儿时照片，照相中“开怀大笑”的孩子长大后仅有11%的人离婚，而“愁眉苦脸”模样的离婚率则达到31%。因此，我们可以得出结论，拍照时“不苟言笑”的人，其婚姻破裂可能性比喜欢笑的人多5倍。

笑容意味着一个人积极向上的人生态度，喜欢开怀大笑的人更容易吸引“同类”。两个同样开朗乐观的人生活在一起，婚姻质量则会更高，持续时间更长。而且，性格乐观的人可能更愿意尝试解决恋爱及婚姻生活中出现的问题，扩大交际圈更快，朋友的支持和鼓励对维系婚姻会有许多帮助。另外，拍照时依照摄影师要求露出微笑的人，其性格可能更顺从，夫妻摩擦频率也会更低。由此可见，照相越爱笑，婚姻越幸福。

丈夫干家务越多离婚率越高？

据挪威的一项调查显示，现在很多年轻的夫妻都协议分工干家务，但是这类夫妻比妻子将全部家务承包的夫妻离婚率高得多，这是为什么呢？

夫妻共同承担家务是一种现代的生活观念，而不只是一种单纯的行为。在这些分工干家务的夫妻中，他们的生活往往变得更加实际，此现象会使婚姻的神圣感下降。这种分工明确，公私分明的家庭责任关系使得夫妻双方的关系变得紧张，家庭本该有的温暖变得像商业合作一样，失去亲密与爱情支撑，婚姻也就丢失了本该有的面目。研究者还发现，夫妻双方共同完成一件事会带来一些不必要的争执，因为人们总习惯于把责任推给对方。

分工干家务的家庭中，女方往往是高学历者而且拥有相对独立的经济条件，相较于专职的家庭主妇而言，离婚对于这些女性的影响低很多。

丈夫干家务越多的家庭离婚率越高，但这两者之间只有相关性而不是直接的因果关系。这只是一个表象的特征，深层次的原因是夫妻对待爱情的方式就像商业那样，使得家庭的温暖不复存在。一个和谐温暖的家应该是互相包容和体谅的，而不是斤斤计较。

光棍节是怎么来的？

一提起光棍节，广大的“单身狗”就会感到孤单。光棍节是每年的11月11日，四个孤单的“1”和光棍们形单影只的形象极其吻合。但光棍节既不是“洋节日”也不是“本土节日”，它是怎么来的呢？

人们最为接受的说法是它起源于南京大学的宿舍文化艺术节。1996年，南京大学四个单身的学生谈论如何摆脱单身状态时，他们想到了以即将到来的11月11日作为“光棍节”来组织活动。从此之后，光棍节逐渐发展为南京各高校的一个趣味活动。由于单身男女青年的数量庞大，经过媒体的传播，“光棍节”从校园走向社会，流行开来。

还有的说是“光棍节”来自北京理工大学，几个单身男生为了打发即将来临的周末时光，于是想出了找女生联谊的方法。他们在食堂门口贴出了“京工光棍节”的海报，“光棍节”的说法由此传播开来。

不论光棍节是如何产生的，其中多少带有调侃和心酸的意味。光棍节的迅速传播并成为社会化节日的背后，除了商业和媒体的宣传，更多的是年轻人单身数量的增加。激烈的社会竞争使得一部分年轻人没有时间交友，随着年龄的增长和旧友的结婚，使单身青年产生离群感。在单身的圈子中，久违的归属感和压力的释放让很多的年轻人感到轻松。

光棍节最早产生于校园，随后传播到社会中。光棍节让很多的单身青年能够有一个轻松心态去调侃生活的压力。

相亲是什么时候开始兴起的?

在古代，结婚完全由父母做主，丈夫或者妻子的模样，只有进入洞房，掀开盖头之后才知道。新中国成立之后，风气渐开，父母不再包办婚姻，青年男女可以自由选择自己心仪的对象。在这一时代背景下，各地开始出现了“相亲”的活动。

相亲有“偷相”和“明相”之分，也就是暗地打听和公开走访的区别。一般来讲，男女双方相距较远，对彼此的情况不了解，就会私下托人打听对方的家境和品行。如果满意，才公开相亲，这叫作“偷相”。女方觉得般配，其父母或者哥嫂就会在媒人的陪同下，在约定时间去男方家走访。走访主要有两个目的：一是看男方家境如何，免得自己的亲人嫁过来受苦受累；二是看男方人品怎么样。女方家第一次去相亲有所禁忌：不管成不成，不抽烟，也不喝水，看完就走。

现代的婚恋观有所进步，相亲是自由恋爱的重要辅助之一。有些青年男女因生活环境受限，或者不擅长交际，造成无法结识到单身的同龄人，因而无法找到自由恋爱的对象。这时候亲人朋友帮忙介绍，通过相亲的办法结识异性，有利于开始正常恋爱，进而走入婚姻的殿堂。

为什么女大学生“恨嫁”？

“恨嫁”一词取自广东话，说的是特别想嫁人，恨不得立刻把自己嫁出去，而不是不想出嫁，讨厌结婚。

“剩男剩女”一词逐渐进入大众的眼里，它对年龄的要求也越来越低，很多女大学生也担心自己被剩下。在高学历女生里面非常清楚地展现出两种极端状况：一种是想要毕业后立即能嫁出去的“恨嫁族”，她们希望凭借年轻的条件确定好婚姻关系；另一极端就是现在社会关怀的“剩女”，因为不想过早地结婚，造成年龄很大但就是不嫁。一个相亲类节目的报名数据显示，报名人的年龄逐渐减小，为了不想步入“剩女”行列，很多的女大学生加入了“恨嫁族”。

恨嫁状况产生首先是社会处于转型中，两性、婚恋观念发生转变，属于开放性、包容性、多样性的体现。其次，市场经济环境下导致的就业压力的影响。选择婚恋属于女性降低就业压力的一个方法，她们想得到的并非是一段婚姻关系，更多的是一个坚强的经济保障。其三，在当前各类经济指数较高的情况下，导致了生活压力上升。所以，很多女性就想尽早确定婚恋对象，经过几年努力一起获得稳定的生活。另一种情况是，有的年轻女子，例如学业刚结束的大学生，还没有工作就立即匆匆忙忙找一个成功人士嫁了，来获得比较稳定的生活空间。其四、这属于一种正常合理的生理现象，属于两性生理和社会交往的正常需求。

抢婚是怎么一回事?

抢婚，顾名思义，就是未婚男子将自己喜欢的未婚女子抢到自己的家中，和她结婚成亲。我国云南有几个少数民族都有这样的习俗。其中，以彝族的抢婚最为有名。

在古代，彝族分为白彝和黑彝。其中，黑彝是贵族，也只有他们才能抢婚。黑彝姑娘出嫁之后，其父母会在桌子上放一块猪肉。男女双方为了得到这块肉，会进行一场你争我抢的“搏斗”，直到男方抢到那块肉为止。在抢婚前，男青年会邀上一些伙伴，悄悄藏在女方家周围。之后，男青年拉起二胡，唱起山歌，引诱女孩子前来约会。起初，女孩子的父母严加防范。时间久了，父母感到疲劳，女孩子就会设法通知等在房外的男青年。男青年得到信号之后，就会和伙伴们冲进房屋，由新郎把新娘背出来，其他人拦住新娘的父母。这样，抢亲就算成功了。

在抢婚中，也有“假抢”的。青年男女在互相爱慕的基础上，会以假抢的形式先将女子领到男方家，之后再补上求婚仪式。男青年和抢亲者来到和姑娘事先约定好的地点，将姑娘悄悄领回家。按照彝族的风俗，女孩子被领到男方家，就意味着正式缔结夫妻关系。事后，双方再补上相应的仪式。

现在，这一风俗还广泛存在于偏远的地区。

婚后为何要“回娘家”？

按照我国风俗习惯，结婚之后，新娘要领着新郎一起回娘家，通称为“回门”。回门是我国重要的嫁娶礼仪之一。严格说来，整个婚礼要等新娘回门才算圆满结束。因为地域的差别，我国各地回门时间不一，有的在婚后第二天，有的在婚后第四、五、七天。不过，大多数地区都是在婚后第三天回门，因此回门也被称为“三朝回门”。

新娘结婚之后，为什么要回娘家呢？新郎为什么要跟她一起回去呢？一般认为，女孩子在出嫁之前很少离开父母，现在出嫁了，一定会很想念父母，回家看望父母是人之常情，同时还有不忘本的意思在里面。而新郎跟着一起回去，则是向岳父岳母表达自己的感激之情，同时增强双方的感情。新郎新娘一起回门，还表示他们夫妻恩爱，比翼双飞。

按照汉族的习惯，新娘回门不能留在娘家睡觉，必须当天赶回，这是因为民间一直有新婚一个月不空房的习俗。倘若有特殊情况不得不留宿娘家，新婚夫妇也不能同房。回门在我国的历史非常悠久，现在很多地方都还非常讲究，也非常隆重，它是一种不可少的礼节。

什么是“群婚”？

群婚是人类初期的一种婚姻形式，存在于人类诞生之初到母系社会前期。所谓群婚，就是指一个群体的男子和另一群体的女子集体通婚，而群体内部的男女则禁止通婚。

历史上，亚洲、欧洲、美洲都存在过这样的婚姻形式。群婚进一步发展之后，就成为对偶婚。随着时代的进步，群婚这一婚姻形式早已绝迹。但是，现在一些民族中流行的婚前性行为，姊妹共夫，兄弟共妻，一夫多妻等婚姻习俗，都有着群婚的遗迹。

在古代，女子出嫁后就成为男家的财产。倘若丈夫死了，寡妇必须留在男家。愿意守寡的再好不过，不愿意守寡的，就由家中的长辈决定她的再婚对象。通常来讲，弟弟可以娶哥哥的妻子，哥哥也可以娶弟弟的妻子。甚至，在不同的辈分之间也可以转房。譬如说，叔叔可以娶故去的侄子的妻子，侄子也可以娶守寡了的婶婶，或者伯母。蒙古族很长时期都实行这种转房形式。据《马可·波罗游记》记载：“鞑靼可娶其从兄妹，父死可娶其父之妻，惟不娶生母耳。娶者为长子，他子则否，兄弟死亦娶兄弟之妻。”比如，明代土默特部的阿勒坦汗去世后，他的小妾三娘子转嫁给他的长子黄台吉；黄台吉死后，三娘子又转嫁给他的长子扯力克。

我国西南地区的怒族、彝族、佤族、独龙族、阿昌族、苗族，东北地区的鄂伦春族、鄂温克族等民族，都曾经较长时间地流行过“转房婚”。

我国何时确立一夫一妻制？

一夫一妻制又称“个体婚制”或“单偶婚制”，是由一男一女结成稳定的配偶关系的婚姻家庭形式。我国人类社会大约经历了300万年的原始群婚制，在5000~6000年前先后进入了一夫一妻制，最终确定一夫一妻制还是在1949年之后。

西周时期，我国就有一夫一妻制的现象。这一制度是在原始社会向阶级社会过渡的过程中逐渐形成的。一夫一妻制的过渡，存在着一个由特殊到一般的过程。从总体发展情况来看，大体有这样几个阶段：首先是父系血统的确认，也就是男子要求认定确实是出自于本人的子女。其次，是居住地的改变，也就是由原来的“男从女居”改为“女从男居”。最后，是买卖婚姻的发生。这种演进的基础不再是自然条件而是社会和经济条件。

在1950年颁布第一部《中华人民共和国婚姻法》之前还实行一夫多妻制，一些地区仍有纳妾现象。直到新中国第一部《婚姻法》颁布以后才将这一恶习彻底根除。

Part 10

自然/地理知识：遇见未知的世界

鹦鹉能听懂自己的“话”？

鹦鹉为什么会学舌，它们自己知道在说什么吗？

当鹦鹉第一次开口说话的时候，主人往往会兴奋不已，有些鹦鹉甚至可以背诵古诗。我们大部分人看到鹦鹉说话时，都会忍不住好奇，鹦鹉自己知道在说什么吗？它只是在模仿声音呢，还是比我们想象的更智慧？

亚西派佩伯格博士研究发现，鹦鹉学舌不只是模仿那么简单的事情。鹦鹉的声带与许多其他动物不同，它们的声带很适合模仿人类所用的语言。他还发现，成群的小鹦鹉会经常模仿成年鹦鹉的样子进行相互交流。为了得到主人的赏赐，是鹦鹉学舌的动机。

但是事实上说话与交流完全是两件不同的事。因此，派佩伯格博士在美国西北大学对此进行了一系列实验，他想要弄清楚鹦鹉到底能够学会多少种人类的不同语言。1977年，他买来一只非洲灰鹦鹉，为它取名埃利克斯（非洲灰鹦鹉是鹦鹉中的学舌能手）。刚开始，埃利克斯与普通的鹦鹉没什么区别。可是后来，证明埃利克斯是非常聪明的。

派佩伯格博士让埃利克斯待在笼子里，用托盘托着一把钥匙拿给它看，并说道：“钥匙！”然后他便把钥匙递给它。他对待埃利克斯与其他人不太一样，只有当埃利克斯正确地叫出某个东西的名字时，他才会奖赏它。

派佩伯格博士说，过去没人会相信鹦鹉能分辨物品，但其实埃利克斯可以辨认出100多种物品，其中包括纸张、玉米和软木塞等。

在埃利克斯学会了辨认事物之后，该教它合成词了：不仅是单一的“钥匙”，而是“蓝色的钥匙”。埃利克斯很快就学会了各种颜色的名称。它现在能够很快地分辨出相同物品的不同颜色了。

当问到物品不同点时，埃利克斯还可以答出“形状”或者“材料”。不过，鹦鹉的声带还是与人类不尽相同，有些单词的发音，它还是读不准。

不过多年的训练，让埃利克斯心生厌烦。它经常会将物品叼在嘴里，然后又扔在地上。当它实在玩腻了这些旧玩具，它会要求换换花样。它已经学会了和人类交流。

每当新玩意儿出现，这个好奇心十足的家伙甚至还会喊着：“快告诉我那是什么！”埃利克斯想要得到这件物品，它会尝试猜测那件物品的颜色和样子。也正是因为它的好奇心，派佩伯格博士总会买很多新的玩意儿，让它来配合训练。

不过对埃利克斯来说，训练的过程是很艰苦的。也正是因为这样，它时常会闹小脾气。

有些人认为派佩伯格博士的实验并没有十足的说服力。在他们看来埃利克斯为了获得奖赏才说话，它没有主动地与人类交谈。

对于以上观点，派佩伯格博士认为，虽然埃利克斯不能像人类一样去运用语言，但它可以利用词和句子来表达自己的看法。从侧面反映出，在它的大脑里，一定潜藏着某种复杂的思想。

海马是爸爸生的?

小海马为什么是爸爸生的？相信很多人会为此感到好奇。

浅海区域的海底，非常温暖。那里有丰富多彩的海底植物，有形形色色的各种动物，有颜色各异的珊瑚，有不同形状的海葵。这个碧水盈盈、色彩缤纷的“水晶宫”里，有一种奇怪的生物，那就是海马。这种体长只有10~20厘米的奇特鱼类，因为其头形似马头，所以被称为“海马”。海马的尾部很长，由多节组成，能够灵活屈伸，用尾弹跳。它的背鳍经常摇动着保持平衡，做直立游泳，动作十分优美。

而且海马不仅相貌特殊，繁殖习性也很特别。每当繁殖季节到来之时，雄海马的体侧腹壁向体中央线方向发生变化，慢慢地合成一个宽大的“育儿袋”。雌海马就将卵产在雄海马的育儿袋里（雌海马无育儿袋），在育儿袋里进行胚胎发育。在这期间，育儿袋里会产生浓密的血管网层，以供应胚胎发育期需要的营养，等到幼海马发育完成，雄海马就开始“分娩”了。

那么你会好奇，海马的繁殖方法为什么这样特别呢？那是因为浅海情况十分复杂而凶险。尤其是春夏两季，各种海生动物都要由深海或远洋洄游到浅海里来，进行交配和繁殖。弱肉强食的“种间斗争”，也就特别火热起来了。成年动物会有大批伤亡，幼小动物更难逃脱，尤其是刚产下的大批动物卵子，此时就成为动物互相争食的佳肴了。例如鳕鱼一次产卵达千万粒，但是真正能变成幼鱼的卵可能还不到1%。因此，动物的保种斗争，也就分外激烈。

海马作为浅海的老住户，保卵当然比其他动物更要巧妙些。不仅雌海马将卵子产在雄海马的育儿袋里，保证了卵子的安全，而且它们由卵生演进到类似胎生的地步，这样一来，就容易保证全部的卵都发育成小海马。

捅了马蜂窝怎么办？

人们喜欢在庭院里种树种花，美化居住环境，却常常吸引马蜂前来筑巢。当马蜂窝越来越大时，看着使人心惊胆战。为避免马蜂伤害家人，只能捅掉马蜂窝，那就牵扯到一个问题：捅了马蜂窝怎么办？

民间有“十只马蜂蜇死一头牛”的说法，马蜂将人蜇死或蜇伤的新闻也不少见，可见马蜂的毒性比较大，捅马蜂窝的行为隐藏着极大的风险。因此，捅之前一定要做好周密的计划，重点是做好防护措施，以确保捅后不被蜇伤。最好是全副武装，穿上长衣长裤后，再套上连体雨衣，手和脸等裸露在外的部位也要包起来。若是担心中途发生意外，例如不慎露出皮肤，可以在捅了马蜂窝后卧倒在地，保持静止，马蜂便无法辨认出攻击目标。

去野外游玩时，不要穿颜色鲜艳的衣服，容易招来马蜂。马蜂喜欢蜇人头部，若是有人不慎在野外捅了马蜂窝，一定要用衣服护住头部以及其他暴露部分。如果马蜂窝旁边就是池塘或者溪流，不妨跳入水中，最好用管子呼吸，静待蜂群离去。

如果不幸被马蜂蜇伤，千万不能置之不理或是迷信民间偏方，要及时用镊子取出毒刺，不可用手按压，以避免毒素进入血液，接着用食醋消毒，用冰块镇痛。有的人体质不好，应快速到医院就诊。

马蜂具有报复心理，捅马蜂窝的最佳方法就是趁夜晚时行动，用毒药或者汽油将马蜂全部除去，最好是在雨天实施。另外，要及时修剪花草树木，不给马蜂提供筑巢的机会。

没有头的蟑螂还能再活九天?

众所周知，蟑螂是一种声名狼藉的昆虫，当它出现在人的家里时，大部分人会采取种种措施消灭它。鲜为人知的是，当蟑螂的头被打掉时，它仍能快速移动躲藏起来。那大家肯定会好奇：人没有头会立刻死去，那无头蟑螂又能存活几天?

其实蟑螂的血管网络远没有人类庞大复杂，进行血液循环时只需要较低的血压，一旦头身分离，伤口在血小板的作用下迅速凝固，减少血液流失。同时，由于蟑螂起控制身体作用的神经中枢位于它的胸部，所以就算失去头部也能继续爬行。蟑螂失去头部虽能生存，但失去头部的蟑螂最多只能生存九天。

蟑螂的头部虽然没有密布的神经，但进食必须通过头部来完成。无头蟑螂一旦能量耗尽，就会死去。在一般情况下，蟑螂在一顿之后，可以九天不过食，因此无头蟑螂最多只能生存九天。而且它们大多死于缺水或饥饿，又或者是伤口感染导致的腐烂。

蟑螂随身携带病毒，对人类的危害不可小视。因此，我们要时刻保持室内整洁和干净，避免蟑螂在室内繁殖生存。另外，雌蟑螂产出卵鞘后，会一直拖在腹下，直到胚胎成熟自然脱落，所以无头的雌蟑螂在存活期间还有可能产下幼虫，对人类生活造成威胁。

母鸡下蛋后为什么会“咯咯”叫？

我们知道，母鸡总是在下蛋后“咯咯”叫，这是为什么呢？

有人说，母鸡是家禽，下蛋后大声鸣叫无非是为了吸引主人的注意力，在证明自身价值的同时索要一些食物。这种说法有一定道理。毕竟，不会下蛋的母鸡都比较短命，很容易被农家宰杀或出售。

从科学角度分析，母鸡下蛋后鸣叫的主要目的是向同伴传讯。至于传递的是什么信息，就要分时期而论了。鸡是群居动物，有群体性和等级性等特征，鸡群里有鸡王和鸡后，不同的鸡分工不同。在鸡未被驯化时，成群的鸡生活在野外，会有很多天敌，有些动物还特别喜欢吃鸡蛋。母鸡下蛋后就会鸣叫，呼唤同伴回来守卫鸡蛋——那时候鸡蛋还不是人类的食物，是鸡群发展壮大的保证。成为家禽后，下蛋后的鸣叫就转向了另一种意味。母鸡生一枚蛋需要几个小时，下蛋后没什么力气了，就以叫声告诉公鸡自己此时拒绝性行为，需要好好休息。

听到母鸡下蛋后的鸣叫声时，可以喂食物给下蛋的鸡，既能使鸡不再吵闹，又让鸡形成条件反射，提高下蛋的积极性。

牛和羊不吃肉为什么也能长肉？

在生活中，长辈会对肥胖的孩子说："多吃蔬菜能瘦身，不要总吃肉！吃肉会长肉的……"这让人联想到终日埋头吃草的牛和羊，为什么它们不吃肉却能长肉？

牛和羊是食草动物，而植物的茎叶里含有大量的纤维素，大部分动物都无法消化吸收这些纤维素，只能将它们随粪便排出体外。牛和羊体内却有对付纤维素的利器——一种名叫纤维素酶的生物催化剂。

确切地说，这种生物催化剂并不是牛和羊本身拥有的，牛和羊的消化道是一些微生物的绝佳生活场所，微生物的体内含有纤维素酶。当草料经过消化道时，蛋白质被直接吸收，纤维素被纤维素酶分解成各级低糖，然后转化为营养物质。由于微生物的大量繁殖，有一些微生物会进入牛、羊的胃和肠道，随食物一起被它们吸收。微生物能够为牛和羊提供葡萄酸和氨基酸等营养物质，牛和羊便长出肉来。

牛和羊的牙齿比较平整，没有用于撕裂的尖利牙齿。它们会囤积草料到胃里，而后返逆出来反刍，慢慢磨碎，充分消化，为身体提供能量。

牛和羊的胃只适合消化草，如果喂它们吃肉的话，不但起不到增强体质的作用，还会使它们消化不良，严重情况甚至可致死。

鸡为什么喜欢吃小石子？

鸡似乎对刨食这件事情有独钟，一天中的大部分时间都低着头用爪子在地上刨来刨去，还不时用嘴去啄东西。仔细观察，石子是鸡经常吃的东西，不禁使人好奇：鸡为什么喜欢吃石子呢？

鸡成为家禽后，自有主人提供充足的食物，那就不会是因为饥饿去吃石子。那就只能解释为天性使然，是其祖先在一代代的进化中保留了爱吃石子的习惯。实际上，鸡具有尖利的嘴，却没有可以咀嚼食物的牙齿，所以鸡能够啄食物却无法把食物磨碎，也就无法吸收食物的养分。鸡会在吞食食物后，去啄食石子，用石子来帮助自己消化。具体过程是，石子到达鸡肫后，鸡肫会不停收缩，将石子与食物搅拌在一起，石子尖锐的角就能把食物慢慢磨碎。

有些大型动物会跑到山洞舔舐或吞吃石头，从中获取维持生命的盐。鸡之所以会吃石子，也有一部分类似的缘由。鸡吃五谷可以获取淀粉，吃青菜可以获取维生素，吃虫子能够得到钙。但地上的虫子比较少，鸡又是成群捕食的，吃不到虫子就只好退而求其次地去吃石子了。由此可见，鸡要想生存下去，就必须吞吃石子。

刺猬交配时会不会受伤?

一说到刺猬，我们第一个想起的就是那一身令人毛骨悚然的刺。刺猬凭借身上的刺来防御敌人，不过，刺猬在与伴侣交配时，它们身上的刺会令对方受伤吗?

由于刺猬的腹部没有长刺，非常柔软，于是便有人猜测，刺猬的交配姿势是腹部对着腹部，只把碍事的刺留在身后。由于刺猬身体无法直立，也不能自己翻转过去，所以这种猜测显然是错误的。

其实，刺猬的身体结构使得它们在交配时根本不用顾及刺的存在。通过观察可以发现，雌性刺猬的生殖器与尾巴离得很近，在交配时尾巴会微微向上翘起，生殖器自然而然就露了出来。而雄性刺猬的性器官长在肚子的正中央，平常看起来就像是一枚小圆球。当交配时，雄性刺猬不必整个身体都爬上伴侣的背，恰到好处的生理构造可以使它们顺利地完成交配。

另一方面，刺猬在交配时雄性刺猬的腹部是不会被扎伤的。因为刺猬的刺并不是实心的，而是一种中空的角质化的毛，富有弹性可伸缩。当雌性刺猬答应了对方的求爱后，便会身体放轻松，把自己的刺收起来，平贴于身体，方便配偶进行动作。因此，雄性刺猬在求爱时是非常有耐心的，它们会一直围着雌性刺猬打转，在深深地打动对方后，使雌性刺猬更好地配合自己的行动。

刺猬的刺虽然不会让交配双方受伤，但会使交配的时间受限。因为雌性刺猬的刺不会一直这么收起来，所以双方在很短的时间内交配后便需分开了。

下午摘的玫瑰更娇嫩?

人们每当走过花店的门口，都会被迷人芬芳的花香深深吸引，忍不住走进去，买几枝插进自己家的花瓶中，心情也会如鲜花绽放一般愉悦。爱花之心人皆有之，但是鲜花易枯，尤其是最惹人怜爱的玫瑰，那么到底怎样才能延长它们的生命呢?

曾经流传很广的一种说法是下午采摘玫瑰更不容易枯萎。是真的吗?专家说采摘时间并不影响玫瑰的存放，玫瑰的存放方式不当才是玫瑰枯萎的主要原因。不经常换水、周围温度较高、与水果放在一起等都会影响玫瑰花的凋谢速度。所以采取合理的方式存放和细心呵护才能让美丽更长久。

随着科技的发展，保存鲜花的方法也愈来愈多，比如加入营养液来给花提供必要营养；放入药物来减缓花的枯萎速度；采用冰箱冷藏、冷库贮存的方式来保鲜，等等。所以纵然经过长途运输或者受采摘时间的影响，玫瑰也可以尽量地延长花期，让美丽绽放得更加持久。

世界上真的有食人花吗?

在这个世界上到底有没有食人花？食人花真的会吃人吗？有人说大王花就是食人花，但其实大王花是一种肉质寄生草本植物，难道就是因为这样才被冠以“食人”的称号？

近年来，有很多关于吃人植物的报道，无论是南美洲亚马孙河流域的原始森林中，还是在印度尼西亚的爪哇岛上都被报道了各种不同的吃人植物的形态、习性和地点。但在所有的报道中，没有一个关于吃人植物的直接证据——照片或标本，也没有确切地说出它是哪一个科或哪一个属的植物。因此，许多植物学家对吃人植物的真实性产生了怀疑。

关于吃人植物的最早消息来自19世纪后半叶的一些探险家。“我在非洲的马达加斯加岛上，亲眼见到过一种能够吃人的树木，当地居民把它奉为神树，曾经有一位土著妇女因为违反了部族的戒律，被驱赶着爬上神树，结果树上8片带有硬刺的叶子把她紧紧包裹起来，几天后，树叶重新打开时只剩下一堆白骨。”德国人卡尔·李奇说道。于是，存在吃人植物的骇人传闻便被传开了。

这些报道的真实性让植物学家们怀疑。为了探究传闻的真实性，1971年有一批南美洲科学家组织的探险队，来到马达加斯加岛进行考察。他们在传闻吃人树存在的地区进行了广泛搜索，结果让人失望。他们只在那里见到了猪笼草和一些荨麻类植物。这次考察更加让植物学家怀疑吃人植物是否存在。所以，绝大多数植物学家都倾向于认为，世界上也许根本不存在这样一类能够吃人的植物。

既然植物学家都没有肯定，那吃人植物的说法又从何而来呢？艾得里安·斯莱克和其他一些人认为，最有可能是根据食肉植物的特性，通过想象和夸张而产生的；也有可能是根据某些未经核实的传说而误传的。但不可否认的是，地球上确实存在着一类行为独特的食肉植物（亦称食虫植物），它们共有500多种，分布世界各地。最著名的有瓶子草、猪笼草和捕捉水下昆虫的狸藻等。

那么到底吃人植物是否存在呢？现在还不能下定论。有些学者认为，在目前已发现的食肉植物中，被捕食的仅仅是小昆虫而已，它们的消化液，对小虫子来说是致命性的，但对于人或较大的动物来说，简直微不足道，因此，很难使人相信地球上存在吃人植物的说法。但也有一些学者认为，虽然现在还没足够证据证明吃人植物的存在，可是也不应该彻底否定，因为科学家的足迹还没遍及全世界的每一个角落，也许在未来的某一天，将会有某些意想不到的发现。

树上能长出“面包”？

在南太平洋的一些岛屿上，生长着一种树叫“面包树”。面包树是大乔木，属桑科。一般可长到十多米，最高可达40~60米。树干壮实，枝叶茂密，叶大而美，一叶三色，它可编织成漂亮轻巧的帽子。面包树雌雄一体，雌花可集成球形，雄花可集成穗状。它的全身都能结果。果实是由一个花序形成的聚花果，重量可达20千克，果肉大而甜美，营养丰富。含有大量的淀粉和丰富的维生素A和维生素B及少许蛋白质和脂肪。人们从树上摘下已经成熟的面包果，放在火上烘烤到黄色，就成了令人垂涎的美食。

萨摩亚位于太平洋南部，风情独特，面包树就生长在这里。

这里的生活十分清闲，工业和农业在这里都发展得很缓慢。漫步在萨摩亚首都阿皮亚，地广人稀，处处荆棘丛生，唯独难觅的就是庄稼和果树。但他们又是幸运的，因为他们拥有一种特殊的资源——面包树。

这里的人把树上结出的“面包”切成片，再烤一烤就成了他们口中的美食。不仅如此，面包树还是各种物品的原材料。用面包树做的小船是他们最主要的交通工具；用面包树建的房子，可以住上50年之久；他们甚至还用树皮做绳子和各种生活用品。

花开的声音能听到?

声音的本质是震动，花朵开放产生震动，因此花开是有声音的。不过并不是那样显著。

植物生长、开花等声音到底是怎样产生的呢？一方面来自植物组织伸长时相互的摩擦，另一方面来自植物器官分开或关闭（比如花瓣、叶片、叶鞘等）时瞬间的震动。由于植物伸长是非常缓慢的，因此摩擦产生的是一个极低频的震动，如果想要被人耳听见，则需要压缩时间以提高频率才能完成。

唯有当植物快速伸长时产生的摩擦震动可以被人耳听到。比如晚上竹笋伸长的声音，主要是因为竹子伸长间摩擦叶鞘，以及叶鞘由于竹节伸长而分离所产生的震动是可以被听到的。

南极冷，还是北极冷？

北极是四周被大陆包围的海，中间是北冰洋。只有夏冬两季，冬季一片漆黑，最低气温可达-60℃。

南极是四周环海的大陆，海拔2350米，作为世界上最高的洲，南极大陆95％以上的地方常年被冰雪覆盖。气温一般为-50~-60℃，最低可达到-90℃。

为何南极的气温要更冷一些呢？这是因为南极地区是一块大陆，储藏热量的能力比海洋弱，巨厚的冰层使南极洲的平均海拔高度达到2600米，比地球上其他洲的平均高度还要高出大约1500米。极高的海拔，导致夏季获得的热量很快就辐射掉了，最后造成南极的年平均气温只有-56℃。

而北极地区陆地面积小，大部分是北冰洋，冰层的厚度也仅仅是30厘米左右。因为海水的热容量大，能吸收更多的热量，因此北冰洋的作用就是有效的蓄热池，它能够在冬天，利用夏天储存的热能为北极加热。再加上热量散发得比较慢，所以北极的年平均气温比南极要高，在8℃左右。

南极是一个四面环海的冰原大陆，在南极一年四季都刮着强烈的风暴，厚厚的冰层常年不化，最低气温能达到-90℃；而北极地区是四周被大陆包围的大海，中间是北冰洋。北大西洋暖流最后还会流入北冰洋，所以北极地区的气温比较高，但是最低气温也可达-60℃。

“北京时间”并非北京的时间?

“北京时间”不是北京的时间，那又是什么时间呢？“北京时间”其实是东经120° 的时间。

因为地球是一个球形体，各地日出日落各不相同，这就产生了各地时间上的不同。按照经度每差15° 时间就相差1小时的原则，全世界可以划分为24个时区。我国地域广阔，横跨东五、东六、东七、东八和东九五个时区。新中国成立以后，全国统一采用北京所在的东八时区的区时作为标准时间，将其称之为“北京时间”（此前称“中原标准时间”）。

因此“北京时间”是东经120° 的时间。北京地处东经116° 21′，因此实际的北京的时间比“北京时间”约晚14.5分钟。福建霞浦、浙江杭州、江苏常州、泰州、山东胶州、莱州、辽宁绥中、内蒙古海拉尔等，这些城市都是东经120° 经线穿过的城市。杭州是其中最大的城市，而常州则是唯一被东经120° 经线穿越城区的城市。换句话说，“‘北京时间’其实是杭州时间”，或者说“‘北京时间’其实是常州时间”。

日出提早，天气变坏?

有人发现，当连续晴天的情况下，如果第二天日出时间忽然提早，就可能是天气要转坏。这究竟是为什么呢?

因为晴天的晚上，天空没有厚云遮盖，散热很快，地面空气温度也随之下降。但高层空气，则冷却较慢。这样就造成了上层温度高，下层温度低的层次，这个层次的厚度，有数十到二百米，称为“逆温层”或“稳定层”。

因为稳定层的存在，下面冷而重的空气不会上升，而上面暖而轻的空气也降不下来，空气无法对流，风很微弱，使得尘埃和夜间凝结的雾气，便集结在近地面层。一到清晨，温度是最低的，尘埃与雾气也是最浓的时候，直到太阳升起之时，仍被尘雾所遮挡；当太阳升高之后，地面受热，气流增强，尘雾消散，最后人们看到的日出时间就晚了。

当天气转坏时，稳定层受到破坏，太阳一升出地平线，我们就能看见。因此“日出提早，天气变坏”的说法是有一定科学道理的。

古巴比伦的空中花园真的悬在半空?

与罗得斯岛巨像相同，考古学家至今都未能找到空中花园的遗迹到底在何处。事实上，提到空中花园的古人们，并没有真的看到，也只是从传闻中听说罢了。那么到底空中花园是否真实存在呢?

空中花园位于四大文明古国之一的古巴比伦，地处伊拉克首都巴格达以南50英里外。空中花园不是吊于空中，这个名字来源于一次翻译错误。是人们把原本除有“吊”之外，还有“突出”之意的希腊“kremastos”及拉丁文“pensilis”翻译错误所致。

巴比伦的空中花园，是世界八大奇迹之一，又被称之为悬苑。传说空中花园是公元前6世纪，巴比伦王国的尼布甲尼撒二世为其身患思乡病的王妃安美依迪丝修建的，但现已不存。

传说空中花园采用立体造园手法，花园位于四层平台之上，由沥青及砖块建成，平台由25米高的柱子作为支撑，有灌溉系统。花园中种植各种花草树木，远看好似花园悬在半空中一般。在巴比伦文献中，空中花园是一个谜，甚至没有一篇提及它。巴比伦空中花园现在被证实，位于巴比伦以北640多公里之外的尼尼微，由亚述王西拿基立建造而成，而不是巴比伦的尼布甲尼撒王!

关于“空中花园”一直有一个美丽动人的传说。巴比伦的国王娶了米底的公主安美依迪丝为王后。公主深得国王的宠爱。时间一长，公主却愁容渐生。尼布甲尼撒不知何故。公主说：“我的家乡山峦叠翠，花草丛生。而这里是一望无际的巴比伦平原，连个小山丘都找不到，我多么渴望能再见到我们家乡的山岭和盘山小道啊！”为了缓解公主的思乡病，尼布甲尼撒令工匠按照公主家乡的景色，在宫殿里建造了一个阶梯形花园，上面栽满了奇花异草，开辟了幽静的山间小道，小道旁是潺潺流水。不仅如此，工匠们还在花园中央修建了一座城楼，巧夺天工的园林景色终于博得公主的欢心。

罗布泊何以被称为“地球之耳”？

1972年7月，美国宇航局发射的地球资源卫星，所拍摄的罗布泊的照片上，罗布泊竟酷似人的一只耳朵，这只耳朵不但有耳轮和耳孔，甚至还有耳垂。因为“耳朵”在地球资源照片上如此明显，仿佛地球用这只耳朵聆听来自宇宙的声音，因此罗布泊被称为“地球之耳”。

有观点认为，“地球之耳”的形成是由于20世纪50年代后期来自天山南坡的洪水冲积。洪水流进湖盆，然后穿过沙漠，包裹着大量泥沙，冲击、溶蚀原来的干湖盆，随着水流前进的方向，经过长期冲积，形成突出的环状条带，就好像“耳朵”的内涡。

而“耳朵”清晰轮廓的形成，是干涸湖床发生微妙地貌变化所导致的，并影响了地貌的光谱特征，从而形成了肖似耳轮、耳孔和耳垂的地形，在高空拍摄照片，就如同一个逼真的“大耳朵”。

对于“地球之耳”的形成原因，也有人持不同观点，也许关于罗布泊的争论永远都不会结束。

乌尤尼盐沼何以被称为“天空之镜”？

阿尔蒂普拉诺是一片辽阔的高原，海拔在3000米以上，位于玻利维亚安第斯山区。在高原南端有冰川融化时留下的盐湖，但在第四纪冰期结束时，湖水已逐渐消失。高原上最大且最令人印象深刻的就是乌尤尼盐沼。因为每年夏季（雨季12月至次年1月），它都会被雨水注满，形成一个浅湖；但在每年的冬季（旱季7月至10月），湖水则变干涸，留下一层以盐为主的矿物质硬壳。尤其是在雨后，湖面就如同镜子一样，反射着美丽到令人窒息的天空景色，这也就是传说中的“天空之镜”。因为面积空旷，而且又极其光滑，覆盖着浅水，极平整（海拔差异极小），地表反射率又极高，使得阿塔卡玛成为一个理想的测试和校准地球遥感卫星之地。

盐沼是盐湖蒸发结束的产物。地面长时间被万里盐漠所覆盖，除非雨季来临。风在盐的表面掠过，降水覆盖一层淡淡的水膜，此时的盐沼，便成了一面平铺于高原的镜面，美丽动人。

阿联酋的“世界岛”竟是人工岛?

“世界岛”位于阿联酋迪拜沿岸，它是世界上最大的人造海岛。每个岛屿面积从2300平方米到8362平方米不等，每两个相邻岛屿之间，至少隔着50米宽的海水。用300个形状模仿世界各大洲的人工岛屿组成一个微缩版的地球，是建造这一地理奇观的初衷。这些岛上将设有酒店以及各种休闲旅游设施，整个规模堪称现代“世界第八大奇迹”。

“世界岛”地处著名的超豪华帆船酒店阿拉伯塔和迪拜拉希德港之间，距离迪拜海岸只有4千米，人们可以通过水路或空中交通来往于大陆和岛屿之间。设计者考虑到将来世界岛建成后，大概每年将会有近25万定居者和游人前往，为了方便交通往来，以位于中心的冰岛为交通枢纽，设计修建了5条航道、4个运输中心和2000多个泊位，有60艘大型运输船和400艘计程艇，将来游人可以从这里搭乘小艇来往于各岛之间。

整个填海工程要耗用3000万吨岩石和3亿立方米海沙。从2003年9月宣布修建“世界岛”到第一个岛屿露出水面，仅仅用了半年多的时间。而“世界岛”工程的最基础阶段——填海和防波堤工程已于2007年底完工，所有基础设施已于2008年全部完成。

Part 11

体育知识：运动的魅力

为什么跑步会“岔气”？

在我们兴高采烈奔跑的过程中，忽然岔气了，可以说是一件非常痛苦的事。那么“岔气”究竟是为什么呢？

膈肌痉挛是造成跑步岔气的一个最主要原因。膈肌是人身上最主要的呼吸肌，处在胸腹腔中间。跑步的时候呼吸加速，膈肌将开始变得特别疲惫，不能正常地上下移动，膈肌所依靠的韧带将痉挛，最后致使岔气。那个时候，跑步的人将觉得右侧肋部以下非常疼痛。

不正确的跑步姿势也会引起岔气。跑步时一定不能用肩部往下沉向前倾的姿势，原因是这样的姿势将提高腹膜的摩擦力，造成背部到腹部的神经愈发紧张，时间长了，将有疼痛的感觉。

呼吸太浅也属于其中的一个原因。当身体急需氧气的时候，没有进行深呼吸，仅仅是提高了呼吸的频率，造成呼吸太浅，最后致使呼吸痉挛。但是深呼吸可以让空气充斥肺部，能够帮助身体提升姿势，降低对呼吸肌的压迫。

同时，吃过饭或者严重脱水的时候跑步，岔气的概率也将大大提升。

跑步岔气属于呼吸问题，在我们想要进行跑步前的三个小时里，尽量不要吃太多，要有充足的热身准备，跑步的过程中如果要提升速度，一定要缓慢进行，尽可能地保持呼吸均匀。身体慢慢地变强了，岔气的情况将消失。

为什么马拉松赛程不是整数？

马拉松比赛是奥运会中一项颇受关注的比赛，马拉松的总距离为42.195公里。半马数据必须达到21.0975公里或者以上，而全马数据必须达到42.195公里或者以上。很多人都会有这样的疑问，既然是比赛，为什么不把马拉松的距离设为整数，而偏要以后加小数点的距离来作为比赛的总距离呢?

众所周知，马拉松比赛是为了纪念公元前490年9月里一场战役中的一件事。当时的波斯帝国领导人大流士为了拓展疆土，曾进行过一系列的征服战争。当年战争进行到希腊，大流士便派使者去希腊各地索取“土地与水”，意为要希腊各邦屈服于波斯。许多希腊的中小城邦纷纷表示愿意投降，而雅典和斯巴达这两个希腊大邦却不愿就此屈服，马拉松战役就此爆发！经过艰苦卓绝的斗争，雅典人奇迹般地取得了这场战役的胜利，为了尽快把这一好消息告知雅典人民，当时雅典军队的总指挥就派军中的长跑能手斐里庇得斯去传送消息。他一路狂奔，跑到雅典中央广场，喊出“我们胜利了”之后，便一头倒下，再也没有站起来。第一届奥运会时，为了纪念他，便沿着当年他跑的路线规划了40公里作为马拉松比赛。

在第四届伦敦奥运会上，为了方便英国皇室人员观看，特意将起跑点重新进行了设置，经丈量，改后的总距离为26英里385码，折合为42.195公里。马拉松的赛程便就此成型了。

为什么网球以“15-30-40”计分？

我们在观看网球比赛时，会发现网球采用的计分法是15-30-40，和其他运动项目的计分法完全不同。除了计分的英文词都是双音节外，数字并不符合规律。那么网球采用这种计分方式的原因是什么呢?

想要知道网球的计分方式的原因，首先要了解网球这种运动的起源。14世纪法国路易斯王朝时期，“jeudepaume”（以掌拍球）的游戏在宫廷中大受欢迎，因而就地取材地进行计分。19世纪，英国引进该游戏，并将地点改在了草皮上。

在进行游戏时，被用来计分的是可以拨动的时钟。为了方便起见，得分一次，时钟被转动到四分之一处，也就是15分；由此可得，时钟被转动到30分时，代表了得分两次。15分和30分的计分方式就是由此而来。

40分的计分方式和前两个不同，也正是这种计分方式的奇怪之处，因为它打破了前两个数是15的倍数的规律。但是，我们都知道15分的英文读法是“fifteen”，发音只有两个音节，并且30分的英文读法是“thirty”，发音也只有两个音节；而45分的英文读法是“forty-five”，发音却有三个音节。或许是为了方便，也可能是为了读起来顺口一些，所以就把45分改成了只有两个音节的40分——“forty”。40分就是由此而来。尽管它有些不合逻辑，但是大家对这种沿袭下来的计分方式也用得非常习惯。

为什么橄榄球没有成为奥运会项目?

19世纪20年代，橄榄球运动逐渐在英国发展起来，世界各个国家也逐渐接受了这项运动。后来橄榄球运动在美国发扬光大，很多喜欢美国文化的人都了解橄榄球对美国人的重要性，刺激劲爆的比赛几乎受到所有美国年轻人的追捧。此外，在一些欧洲国家，橄榄球也具有非常重要的位置。奥运会正式比赛项目中也曾有橄榄球这一项，并且留下了非常优秀的成绩。那么，这样精彩的球类比赛，为什么现在的奥运会上没有它的一席之地呢?

众所周知，进入奥运会正式比赛项目的要求主要有以下四点：首先，它要具备世界性的特征，也就是说这个项目要得到国际单项体育组织的认可。其次，它要有国际性，至少在世界上4个大洲的75个国家和地区，这个项目要得到普及和支持。再次，它还要具备观赏性，要得到观众们的喜爱，有受众人群。最后，它要有实际操作的可能,如果它的实际操作可能性太小，对于参赛人群有很大的限制和难度，则不适合成为奥运会正式比赛项目。

橄榄球项目比赛的花费并不多，比赛场地甚至也可以由足球比赛场改造，连特别的装备都不用添加，只需要提供一些供球队赛前准备和训练用的草地或球场即可。此外，在观赏性这一点，无论英式，还是美式橄榄球都具备极大的观赏性，观众们也普遍很喜欢这一项运动。

但是，橄榄球不是全球性的运动，尽管它在美国与一些欧洲国家里受到热捧，但它在其他国家的知名度却远远不够，远不如篮球、乒乓球一类项目具有全球性。一般情况下，若是一项运动只在几个国家之间流行的话，是很难进入奥运会的。就像中国的武术一样，只作为奥运会的表演赛，成为正式项目比较困难。况且，英式橄榄球与美式橄榄球的规则都不相同，比赛规则的协商是一个大问题。奥运会曾经将橄榄球列为正式项目，但从世界范围来看，橄榄球运动并没有在很多国家开展，举行比赛时，金牌也被个别国家包揽。长此以往，参赛人少、影响力不够以及电视转播困难等因素结合在一起，导致了奥运会投票中反对票超过半数。故此，奥运会就取消了橄榄球比赛项目。

另外，奥运会是调解国际争端的产物。奥运会的初衷就是为了保持世界的和平，给世界一个公平、友好竞争的舞台。橄榄球虽然激烈，但太容易造成身体伤害，不符合奥运会比赛的宗旨。在1900年的第二届奥运会上，橄榄球也曾作为新增项目进入奥运会，比赛中，各国队员纷纷指责对方恶意伤人，最后，奥委会也就将橄榄球取消了。

时至今日，美国人已经改进了许多橄榄球的比赛规则，力图将橄榄球再次列入奥运会的运动项目。

为什么进三球又叫“帽子戏法”？

如果说哪一种球类运动能够风靡全世界，让全球的男性为之疯狂，那无疑就是足球了。足球比赛中，有一种奇怪的叫法是“帽子戏法”，很多人知道那就是意味着一名队员踢进对方球门三个球，这在一场比赛中虽然很难得，但说到“帽子戏法”的来历，你知道吗？

刘易斯·卡洛尔有一部著名的童话——《爱丽丝漫游奇境记》，书中提到一名制作帽子的匠人能够出神入化地用帽子来变戏法。后来，英国板球协会的成员借用其意，给在比赛中连续三次击中门柱或者是横木，令对方三个人出局的投手奖励帽子一顶，用来表示这位投手出神入化的射门技巧，球界的“帽子戏法”就此诞生了。板球与美国的棒球相似，都要求投球手的投掷技巧、速度和力度，很快地，美国的棒球界也沿用了这样的称号，用来称赞连续得三分的投球手，“帽子戏法”的名号逐渐扩大。1985年，世界杯比赛进行到了关键时刻，在巴西对战法国的半决赛中，贝利自己一人连续进入三球，带来了整支球队的胜利，也带来了巴西的胜利，淘汰了法国队。后来，贝利在《贝利自传》中，将这样辉煌的一段故事单独作为一章节，这章节的名字就叫“帽子戏法”，足球界的帽子戏法从此诞生。不过，这个词语在中国流行得比较晚，直到《贝利自传》的中译本问世，国人才知道这个叫法。

原来，“帽子戏法”适用于任何连中三元的行为，并非仅限足球。

为什么使用球衣号码?

球衣号码，是足球运动员身份的标识之一。对于常年在绿茵草地上奔跑的足球运动员来说，每个人都有自己中意的球衣号码。英国是最早在比赛中将带号码的球衣穿着参赛的国家。那么，到底为什么要穿带着号码的球衣呢?

1933年，英国足协第一次提出并倡导让参加比赛的球员穿着带号码的球衣。按照规定，1~11编号印在两方上场参加比赛的运动员球衣上，替补运动员的球衣号码按照其上场顺序往下推，即12、13、14号。这样一来，在足球比赛中，既能让球员们有独特的标志，还使得裁判员在评判过程中更加准确和方便。所以，穿带着号码的球衣的方式一出，很快地就被裁判和广大球员所推崇，还向整个世界推广应用。

对于很多球员来说，球衣的号码有着许多特殊的意义。1号是只属于守门员的号码，球队的最后一道防线由他们守卫着，杰出的门将也由此而出，如雅辛、佐夫和布丰等，一直在书写着守门员的传奇。作为一个球员，每个人都渴望的一定是象征着球队进攻核心的9号，也就是真正的中锋了，大名鼎鼎的罗纳尔多正是这个9号的代表之一。同1号一样，10号也是球场上非常重要的存在，可以说是球场上的领袖，它不仅代表了一种能力，更代表了一种地位，是球场上叱咤风云的人物代表，如贝利、齐达内等人。

为什么田径比赛要逆时针跑？

如果你稍微注意一下，就能发现：只要是超过200米的田径比赛项目，运动员跑的方向都是逆时针的，也就是往左转弯，这么做的原因是什么呢？

从科学研究的角度来说，沿逆时针方向跑的原因还不能确定，但是人们普遍认为可能的原因有以下几点。

第一，受地球自转偏向力的影响，北逆南顺。只要物体在做圆周运动，就会产生离心力。假如运动员在跑的过程中顺着地球自转偏向力，受力相对均衡，也就更加安全。又因北半球是绝大多数比赛举行的地方，故而国际田联也规定田径比赛沿逆时针方向跑。第二，受人体重心的影响。因为心脏的位置在人体的左边，故而人体左侧相较于右侧会重一些，重心也容易偏向左侧。这样一来，在跑的过程中，左转易于右转。第三，左右脚分工不同的影响。因为跑的过程中，人体重心在左，起支撑作用的就是左腿；与此同时，右腿受力较小，则起到加速和定向的作用，同时还能抵消圆周运动产生的离心力。如果沿顺时针转弯，则右腿很快就会感到疲劳而支撑不下去。第四，在国际田联于1912年成立时，内侧为左手，也就是沿逆时针方向转弯为赛跑方向的规则就确定下来，还写进了国际田径联合会规则，一直保留到现在。

总而言之，沿逆时针方向跑既能保证运动员的安全，又能节省其体力，还不用改来改去，一举多得。

抬高腿真的能消除疲劳吗?

在现代这样一个快节奏的生活方式下，疲劳是人们的常态。因此有些人喜欢看电视电影时，将腿抬在桌面上，高过自己的身体，或者是睡觉时将腿微微抬高，说是这样有利于缓解身体的疲劳，真的是这样吗?

这样的问题，一些女生可能并不陌生，因为在减肥的方式中，有一项就是抬高腿。其实用这样的方式来缓解疲劳不无道理。我们每个人大部分的时间都在站立，抬高腿可以使血液回流，促进血液循环，平衡血液在各处的供给，从而达到缓解疲劳的目的。除此之外，抬高腿也确实可以减少腿部肥肉，特别是女生，血液回流入盆腔，可以增加盆腔供血，为小腹部位带来更多的营养成分，加速盆腔内器官的新陈代谢，对身体大有裨益。抬高腿实际上是一种轻微的倒立。倒立的好处众所周知，不仅可以减少面部皱纹的产生，延缓人的衰老，并且还对智力发展大有好处。而抬高腿这种变相的轻微倒立，自然也有这些好处了，只不过并没有直接倒立那么明显罢了。除了这些，抬高腿还能养心肺，预防静脉曲张等，益处不可谓不多。

不过，真正的消除疲劳需要的是对自己生活的合理安排，合理安排睡眠与工作的时间，多做些有益身体的运动。仅仅靠抬高腿就想完全消除疲劳，还是太过理想化了。

指纹可以预测“体育天赋”？

有一首童谣是这样唱的：“一斗穷，二斗富，三斗四斗卖豆腐，五斗六斗开当铺，七斗八斗坐着走，九斗十斗享清福。”这里的“斗”是指纹的一种。中国人的指纹大多分为斗纹、箕纹、弧纹。斗纹是指头上有多层圆圈状的指纹，基本没有开口；箕纹与斗纹不同，它的外围有开口，纹路像水流一样；弧纹的形状如同拱桥与山峰一般。

研究显示，指纹是人体皮纹的一种，蕴含着人类丰富的遗传信息，并与大脑有着一定的联系，特别是在选拔运动员时，可以作为参考依据。譬如，有些遗传方面的专家认为，在指纹中，“斗”多的人大多有着丰富的想象力，身体的协调能力非常好，适合做摔跤运动员、拳击运动员、体操运动员等。因此，研究者认为，指纹可以反映小孩潜在的体育天赋，还可以预测小孩未来身体的柔韧度。

其实，苏联在20世纪70年代就开始通过看指纹的方法来选拔运动员，现在国内外的学者也都认可了这一选拔方式。

在球类运动中，高水平球类运动员或需要灵活地起多种作用的运动员，他们的指纹都很复杂，斗形纹高。在力量型项目中，如举重运动员，则指纹强度越低，其体型越为有利。优秀的举重运动员几乎都没有复杂的指纹，而普通运动员则复杂指纹较多。速滑运动员、田径运动员需要在短时间内做出快速反应，他们的指纹简单，花纹的线条最少。不过摔跤运动员、拳击运动员、体操运动员和自由滑雪运动员的动作需要高度地协调，他们指纹的图案相应也就复杂得多，线条也多。做复杂运动项目的运动员的指纹特征就是斗多，箕少，几乎没有弧纹。

由此可以看出，指纹的皮纹学特征的确可以预测小孩未来身体的柔韧度，反映人潜在的体育天赋。

蝶泳曾被当作蛙泳吗?

蝴蝶与青蛙这两种动物没有什么相似的地方，由此能够得知，蝶泳和蛙泳所采用的动作也是完全不同。但是在人类历史上就出现过这样的一件有趣的事，有人就采用蝶泳的形式参加了蛙泳比赛。

据说蛙泳比赛诞生在1928年的阿姆斯特丹奥运会上，但是那时候的蛙泳动作和现在相比没有太规范。那时的蛙泳仅仅有一条规定，就是“手脚的动作要左右对称”。那时候的动作要求非常宽松，因此就有人想到了用蝶泳这种类型的姿势来参加比赛，这位选手的名字叫作拉德玛菲尔，来自德国。蝶泳的速度要远远快于蛙泳，因此就开始有非常多的选手模仿拉德玛菲尔的游泳方法。所以，在很长一段时间内，蝶泳都被当成了蛙泳。后来，比赛的动作逐步规范起来，人们便给这种游泳方法另起了名字——蝶泳，同时把它作为了一项新的游泳项目。

蛙泳的方法灵感来源于青蛙，是泳姿里面最为古老的一种。蛙泳的过程中，游泳者能够轻松地看到前方有没有障碍物，以此能够躲避障碍物。蛙泳属于竞技游泳姿势里面的一种。人体俯卧在水面，两臂在胸前对称直臂侧下压划水，两腿对称屈伸蹬夹水，好像青蛙游水。蛙泳是最为节省力气的一种，能够保持很长时间，具有很大的实用价值，经常出现在渔猎、泅渡、救护、水上搬运等活动里。而且对于刚开始学习游泳的人来说，这是最基础的课程。比赛项目有男女100米、200米等。因为蛙泳的速度非常慢，在20世纪初期的自由泳比赛里面（当时并没有规定姿势的自由游泳），蛙泳远没有其他姿势快，导致蛙泳技术受到排挤。直到国际泳联规定了泳姿，蛙泳技术才得到继续发展。

蝶泳技术是以蛙泳技术作为根基，逐渐地发展完善，最后成了一项独立的运动。在蛙泳技术发展到第二阶段时，也就是1937—1952年这一时期，在游泳比赛的过程中，部分运动员利用两臂划水直到大腿后面甩出水面，紧接着在空中迁移的手法，在岸上看来，就像蝴蝶展翅飞舞，因此人们把它叫作“蝶泳”。蝶泳在4种竞技游泳姿势里面属于最后发展起来的泳姿。因为它的腿部动作和海豚很像，因此又被叫作“海豚泳”。

赛跑中如何确定到达终点

赛跑是我们在日常生活中最为常见的一种田径运动，对于胜利者的裁决也是非常简单，就是看谁第一个撞到了终点线，那么谁就是获胜者。但是随着参赛者的体能不断提高，差距也越来越小，有时候都是几人同时碰到线，那么这时候的获胜者该怎么来确定呢？

那么这个时候裁判的重要性就体现了出来！在田径运动会的场上，有几名裁判叫作终点裁判，他们的最重要的职责就是判定选手抵达终点的名次。他们这些人会坐在终点场边的梯形裁判台上，并且坐的地点和次序是不可以随意调换的，每个人的职责都是确定的。

每一位裁判都要遵守以下几点：1.注视选手起跑、中途跑全程情况。2.在选手抵达终点前30米全神贯注。3.在选手抵达终点前10~20米注视自己负责名次的道次，眼光紧紧移至终点线内缘并注意前后状况。4.立即将负责名次道次与号码填入判定单。5.判定名次，每组全部名次应都记录。6.即使感觉自己判得不准确也不可以和其他人商量。

对于抵达终点的判断是非常有讲究的，如果你是用手、臂、头、颈或者腿先碰到的线，然而另一位选手是用除这些部位以外的躯干碰到的线，那么非常遗憾，你将是亚军。因为，跑步比赛中的判断依据就是看谁的躯干先碰到终点线，这才是决定最后能不能拍表的，而不是身体的随便一个部位就能决定的。

“黑马”最初指的也不是马?

黑马虽然是近些年才流行起来的词语，但在日常生活中，我们已经习惯地将体育比赛中，本来名不见经传最后却获得冠军的选手，称为黑马。很多人说，黑马的来源是一匹在赛场上本来不被看好的黑色马，最后的结果却让许多人大跌眼镜，取得冠军，后来人们便以此比喻那些运动场上的健儿，真的是这样吗?

中国有部叫《黑马》的电影，故事说的是一对孤儿名叫天星与葫芦，他们养了一条爱犬名叫黑马。一天黑马在草丛中发现了一个受伤的人，它与那对孤儿救了他。后来才知道那受伤的人是位新四军，经过许多波折后，黑马与它的主人帮助新四军完成了任务。许多国人也因此知道了“黑马”，不过这其中的黑马与现在的本意却大相径庭，这又是怎么一回事呢?

原来，黑马的来源是一部小说。19世纪的英国政治家本杰明·迪斯雷利有一部著名的小说叫《年轻的公爵》，里面的一场赛马比赛可谓是精彩绝伦。比赛一开始，夺冠呼声最高的两匹良种马一路狂飙，就在接近终点时，一匹不起眼的黑马从后面奋力追赶，竟出乎意料地夺得了冠军。黑马一词由此产生，不过一开始，黑马在中国并未热传。现任总统奥巴马竞选成功，由于他是黑色人种，名字的最后又带着一个“马”字，很多人为了调侃他，才搬出了黑马这个词，黑马也因此在中国得以热传了。

Part 12

人物知识： 名人故事，大长见识

明孝宗朱祐樘一生只娶一个老婆?

很多人都知道皇帝拥有“三宫六院七十二妃”。其实“六院”实际上是指十二院,“七十二妃”也并非一定是七十二个,只是用来形容皇帝的嫔妃多罢了。但纵观明代历史,有一个皇帝尤为显眼,那就是一生只娶一个老婆的朱祐樘。

很多人猜疑朱祐樘是否真的只娶一个老婆,就算只娶了一个,那么是不是他娶的那位太过凶悍,以至于明孝宗不敢纳妾,或者是明孝宗性能力不行,等等。总之,在中国封建社会这样一个三妻四妾的时期,几乎没有人相信这会是真爱。然而事实却并非如此。明孝宗是明代历史上为数不多的明君之一,他的父亲明宪宗朱见深昏庸无能,他的儿子明武宗朱厚照更是中国历史上难得一见的奇葩皇帝,整日只喜欢玩。明宪宗朱见深在位时,独宠自己的奶妈万贵妃,万贵妃专横,后宫几乎所有怀有身孕的妃子都被她秘密处死。朱祐樘的母亲本来只是一个宫女,偶然得到朱见深“临幸”,生下了他。后来在其他许多宫女与太监的帮助下,朱祐樘才免遭屠杀。年幼的朱祐樘看遍了后宫的争宠夺势,乌烟瘴气,从小就对后宫的事情极为排斥。等到他登了基,由于他体弱多病,又勤于政事,常常把唐太宗李世民作为自己的榜样,严惩佞臣,重用贤臣。因此才终其一生,只娶了张氏一位。明朝若是没有这位只娶一个老婆的皇帝,就凭宪宗的昏庸懦弱与武宗的胡闹,恐怕早就亡了!

为何刘贺只做了27天的皇帝？

要说汉代历史上个人经历最具传奇色彩的皇帝，除了开国皇帝汉高祖刘邦，恐怕就是只做了27天皇帝的刘贺了。刘贺的一生，经历了从王到皇帝，再从皇帝到侯的变化，其中的缘由，历来为人们津津乐道。那么，究竟是怎么一回事，让刘贺只享受了27天的“九五之尊”呢？

史料记载，刘贺昏庸无能，本是个不学无术的纨绔子弟，他不识大体，不理朝政，整天只知道吃喝玩乐。他又特别荒淫无度，曾经一度想强奸年轻的皇太后。他本是汉武帝刘彻的孙子，五岁继承父亲昌邑王的爵位。他十八岁那年，汉昭帝驾崩，由于汉昭帝无子，当时的权臣霍光便与众大臣商议立他为帝。刚刚抵达长安时，刘贺来了一段“尽哭如仪”的即兴表演，打动了霍光与群臣。哪知道他一上任，就露出了他荒淫的本色，搞得后宫乌烟瘴气，朝政混乱不堪。霍光与群臣出于正义，废了他的帝位。真的是这样吗？

其实，不管刘贺是昏庸还是勤政，他都免不了被废的命运。因为当时的权臣霍光，几乎掌握着所有人的生杀大权。刘贺上台后，一些举动触犯了霍光的利益，霍光毫不犹豫地换掉了他。在那样一个权臣把控朝政的时代，皇帝的话语权还没有一个大臣的重要，刘贺基本上等于“傀儡皇帝”。在这种情况下，刘贺是否荒淫不重要，触动了霍光的利益，才是决定他被废的关键。

为何唐高宗被后人认为“窝囊”？

唐朝是中国古代文化的代表，而唐朝的皇帝至今仍为人津津乐道的无非就是唐太宗、武则天、唐玄宗。除此之外，唐朝最出名的皇帝恐怕就是传说中的“懦弱”皇帝唐高宗了。可是，历史上的唐高宗真的懦弱吗？

唐太宗后期，朝堂之上的夺嫡之战愈演愈烈，太子与三皇子吴王李恪展开了一系列的政治斗争，而没有自己的势力，名头远不如两位哥哥的九子唐高宗，最后却意外地得到了帝位。要是说这样的人为人懦弱，毫无心机，显然是不可能的。登基之后，唐高宗的舅舅长孙无忌把持朝政，高宗不服气，但当时的唐高宗势力也是远不如他舅舅，经过长时间的隐忍与斗争，高宗最终除掉了长孙无忌的势力，将他发配外地。而且高宗在位时，大唐王朝生机勃勃，整个国家欣欣向荣。要说这样的皇帝没一点政治能力和手腕，那是无论如何也不可能的，那为什么他还被后人认为“窝囊”呢？

其实问题很简单，首先，高宗的身体确实不是太好，这就给人们留下了懦弱的假象。其次，高宗施行的是太宗时期休养生息的政策，因此很多人误认为高宗能力不足。最后，也是最重要的，唐太宗与武则天都是历史上有名的明君，其政治手腕与治理国家的能力都非常突出。高宗夹在他们中间，被他们的光环掩盖，久而久之，也就给后人留下这样一个“窝囊”的印象了！

为何杨贵妃未被封后?

杨贵妃是中国古代四大美女之一，也可以说是四大美女之中，权力最大的一位了。但她却不好权力，不参与朝政，与唐玄宗的爱情故事更是成为千古佳话。不少人都有这样的疑问，杨贵妃那么受唐玄宗李隆基的宠爱，为何一生都没有被封为皇后呢?

杨贵妃闺名杨玉环，入宫之后深得李隆基宠爱，可以说“后宫佳丽三千人，三千宠爱在一身”一点也不为过。这样的妃子不封为后，简直不可思议。可是历史就是这样，杨贵妃确实没有受封过皇后，很多人百思不得其解，其实仔细想想李隆基得到杨贵妃的手段和过程，答案就很明显了。杨玉环本来是唐玄宗的儿子寿王李瑁的王妃，开元二十二年，李瑁与杨玉环一见钟情，唐玄宗册立杨玉环为寿王妃。后来偶然的一次机会，唐玄宗见到了杨玉环，深深地被她的姿色所迷，想方设法让杨玉环住进了宫中，封为杨贵妃。但是不管怎么说，夺儿子的王妃毕竟不是一件光彩的事情，所以李隆基无论怎么宠爱杨玉环，却始终不提册封皇后之事。大概他也觉得这样一个从儿子手里抢来的妇人，无法“母仪天下”吧!

要是唐玄宗李隆基在他儿子李瑁前发现杨玉环，直接召入宫中，那么也许现在就是“四大美女之一杨皇后”而不是“四大美女之一杨贵妃”了吧!

和尚皇帝梁武帝真是被活活饿死的吗?

一把“和尚”与“皇帝”这两个词联系在一起，很多人会想到朱元璋。其实，历史上第一位“和尚皇帝”并非是朱元璋，而是这位梁武帝萧衍。

萧衍是南北朝时期南朝梁的皇帝，他活了86岁，是中国历史上排名第二的长寿皇帝，仅次于清朝乾隆。萧衍小时候就喜欢读书，并且博学多才。他年轻时期信奉道教，但是登基仅仅两年后，就率领僧俗两万人，举行了一次大法会，宣布自己“舍道归佛”。他在位的48年中，曾经四次舍弃皇帝的位置，情愿剃发为僧。每次都把满朝大臣折腾个半死，又是苦苦哀求，又是拿重金赎，才算是没有让梁武帝变为“佛门大师”。不过客观地说，梁武帝在位时还是勤于政事的，他不分春夏秋冬，每天五更天起床，批改公文奏章。在他的治理下梁国实力逐年提升，那为什么他又会被饿死呢?

原来，萧衍本来无子，便立他的侄儿萧正德为太子。后来梁武帝又生了个儿子，取名萧统，随即便被立为太子，萧正德被封为西丰侯。萧正德当然怀恨在心，时时刻刻都想着谋反。最终，他与侯景秘密谋反，一路攻进建康，困住皇宫，又引玄武湖水上演了一出水漫皇宫。梁武帝这位和尚皇帝被困在宫里，叫天天不应叫地地不灵，竟活活饿死在宫中。而萧正德在谋反成功后也被侯景杀死了。

为何曹操终生都未称帝?

三国的故事一直为人们津津乐道，魏蜀吴之间政治与军事的斗争让人不断探究。三国后期，刘备自称为帝，是为昭烈皇帝，孙权也自称为皇帝，但三国之中实力最强大的魏国的开国始祖曹操，一生也未称帝。按正常情况下，魏国的实力是最有资格称帝的，那么曹操为何不称帝呢？难道曹操真的如他自己所说是“忠于汉室”的吗？

答案显然是否定的。曹操将汉朝皇宫玩弄于股掌之中，随意杀人，见帝不拜，如果说这样一个人也是忠于汉室的话，那真是天理难容了。那么曹操为什么不称帝呢？其实，曹操内心还是非常渴望当皇帝的。他挟天子以令诸侯，虽然天下都听他的，但终究不如自己做皇帝来得痛快。他也曾多次试探群臣的反应，结果，许多大臣还是认为汉室才是正统，这令曹操称帝的决心一再作罢。曹操自己曾经说“若天命在我，我为周文王矣”，从这句话不难看出曹操对自己人生的定位。“如果我曹家真的有命做得了帝王，那么我曹操就做一个周文王吧！”众所周知，周文王是没有推翻商纣王的，而是他的儿子武王姬发推翻了商朝。

由此看来，曹操一生是情愿为自己的后代奠定基础的。并且，如果曹操称帝，那么孙刘就有了联手的理由与借口，魏国能否长久或许就另当别论了。

妲己究竟是“红颜祸水”还是“战利品”？

中国文学作品《封神演义》中的苏妲己几乎家喻户晓，这位妖魅迷人的女人心狠手辣，残害忠良，为周武王伐纣立下了“汗马功劳”，可以说是中国历史上的红颜祸水第一人。很多人认为她不过是文学作品中虚构的一个角色罢了，事实上，历史上确实有“苏妲己”这个人。那么，她是否真的像小说中描述的那样，是位“红颜祸水”呢？

其实，正史记载是这样的：“九年，王师伐有苏，获妲己以归。”“九年”就是商纣王帝辛九年，“王师”就是商纣王的部队，还有其他史料记载说：“殷辛伐有苏，有苏氏以妲己女焉。”这样看来，妲己是不是红颜祸水不好判断，不过，她肯定是商纣王的“战利品”了。

至于红颜祸水的说法，则明显是将商朝灭亡的罪名加在妲己头上。如果一国之君勤于政事，心存百姓，时时刻刻为自己的子民着想，又怎么会受一个女人的蛊惑，从而亡国呢？所以说，将商朝灭亡之罪强加在妲己头上，把所有的过错归咎于一个女子，这何尝不是推卸责任呢？

权臣严嵩是贤臣还是奸臣?

权臣，是我们在读历史时时常会碰到的一个词。所谓权臣，就是指那些权力很大，几乎可以一手遮天的臣子。而权臣，绝非是衡量一个官员是贤是奸的标准，严嵩是权臣，也是一个大大的奸巨。

严嵩的父亲醉心于权力，却屡考不进，所以，他把一切的希望都放在儿子严嵩身上。他悉心地栽培指导，聪明的严嵩没有辜负父亲的希望，十九岁就中举，二十五岁入朝为官，终于完成了父亲的心愿。后来，严嵩得了一场大病，不得不回家休养，而这一休养就是十年，这十年里，正是明代另一大权臣刘瑾当权时期。当严嵩再次入朝为官时，朝中的大小事务，皆由夏言掌管，于是严嵩就拼命讨好夏言。当时的皇帝喜欢道教，正好严嵩擅长写青词，便逐渐受到皇帝的重视。他又趁机进谗言，终于害死了夏言，入内阁成为首辅。在他当权的二十年里，祸国殃民，面对日益恶化的政局，他不仅没有向皇帝提出规谏和改革方案，反而推波助澜。当时进京的官吏，无论大小，也无论财力多少，都必须向他“表示”。他的儿子严世藩狂妄地说：“天下，三人而已。”意思是说，天下就把握在三个人的手里，一个是他，一个是锦衣卫的陆炳——他的朋友，一个是杨一清，不过无心朝政。当时民不聊生，百姓们怨声载道。

后来，隐忍了三十年的徐阶一举推翻了“严党”，结束了一代奸臣的时代。

谁是贝多芬心中的“爱丽丝”？

贝多芬的作品《致爱丽丝》是世界名曲，每当人们听到那熟悉的、甜美的旋律时，心中都会泛起丝丝的爱意。这首《致爱丽丝》将爱情里的甜美展现得淋漓尽致，使人们无不渴望这样美好的爱情。但是，贝多芬的一生都没有结婚。那么，他的这首乐曲中的“爱丽丝”指的是谁呢？

虽然贝多芬的一生从未结过婚，但是，他内心深处非常希望得到一位理想的伴侣。也正是因此，这类故事在贝多芬的生活中屡屡出现，为这位著名的钢琴大师增加了几分浪漫色彩。1808~1810年，贝多芬已经是接近四十岁的人了，他收了一名女学生，这位女学生名叫特蕾泽·玛尔法蒂，基本上符合贝多芬的择偶标准。渐渐地，贝多芬对特蕾泽产生了好感。在一次贝多芬心情非常甜美、舒畅的情况下，他为她写了一首《巴加泰勒》。巴加泰勒意思就是“小玩意”。贝多芬在这首小曲的旁边，写上了“献给特蕾泽”的字样。再之后，这份乐谱一直保存在特蕾泽那里，就连贝多芬逝世后，别人为他整理作品也没能将其归入其中。

很多年后，有人在整理特蕾泽·玛尔法蒂的遗物时，发现了这首曲子。1876年，在斯图加特出版这首曲子时，出版方错将《献给特蕾泽》写成了《献给爱丽丝》，从此，爱丽丝之名响彻世界，特蕾泽倒无人知晓了。

罗斯福为什么又叫“泰迪”总统?

罗斯福总统是美国最著名的总统之一，曾带领美国人民经历了残酷的第二次世界大战，一度是美国人民心目中的精神领袖，他也因此成了美国连任时间最长的总统。不过，就像美国有个“山姆大叔”那样的外号似的，罗斯福也有个外号叫作“泰迪”总统，这是为什么呢?

罗斯福总统在1902年的时候身居密西西比州，生性喜欢打猎的他在一次外出打猎时，忙碌了一天竟还是毫无所获。他的助手碰巧抓住了一只路易斯安那小黑熊，便将它绑在树上，以便总统射杀。罗斯福断然拒绝了这一无理举动，并把这种行为称为“无体育道德”，当场发誓从此不再猎杀黑熊。这件事后来被政治画家贝利曼知道了，把它作为了一幅漫画的蓝本。在纽约一个毫不起眼的杂货水果铺中，一对俄裔老夫妇把漫画中的小黑熊缝制出来，做成一只小绒毛熊，挂在门前起装饰作用，这只小熊却意外受到人们的追捧。

后来人们用罗斯福总统的小名来命名这只小熊，风靡全世界的“泰迪熊”便就此诞生了。伟大的罗斯福总统也因此拥有了一个可爱的外号——“泰迪”总统。

玛丽莲·梦露的头发真的是金色的吗？

一头金发好像是好莱坞性感美女的共同标志。那性感的金色为那些美女增色不少。从玛丽莲·梦露、葛丽丝·凯莉开始，到法拉佛西、碧姬·芭铎等老一代女演员，再到金·贝辛格、梅格·瑞恩、潘蜜拉·安德森、葛妮思·派特洛、卡梅隆·迪亚兹甚至“小甜甜”布兰妮等现代女演员或者女歌手，清一色的都是一头金发。不过，那些看起来耀眼性感的金发，真的是天生自带的吗？

有人发现，梦露小时候的照片中，梦露的头发并非是现在这样的金色，而是呈棕色。难道是长大后头发的颜色自己转变的吗？这种可能性显然是微乎其微的，那就是说，梦露那性感的满头金发是染的。由此可见，金色的头发对美国女明星们确实有致命的吸引力，连红遍全世界的性感女星玛丽莲·梦露也没能免俗。

幸亏在这一点上中国的娱乐界没有盲目地跟从好莱坞的风气，否则，现在电视上满屏幕的金发中国女星，那该是多么可怕的一种情况！

戴高乐真是越狱高手吗?

20世纪，随着中法关系的改善，法国领导人戴高乐的名字也逐渐被千万百姓所熟悉。传说中，戴高乐不甘心当德国战俘，曾经六次越狱，是名副其实的越狱狂人，真的是这样吗?

第一次世界大战后期，戴高乐荣任法国第33步兵团上尉。1916年3月2日，戴高乐在对德国的战役中不幸负了伤，被德国军队抓了去。他被囚禁在德国南部地区的一所战俘营中，这一囚禁就是两年零八个月。当时被德国人俘虏的法国军民大约有四十万人，很多人庆幸自己能够借此躲过战火和硝烟，戴高乐却不愿意就此罢休。他将全部的精力都投入策划和实施越狱中，先后六次逃脱，又六次被抓回来，战俘营的德军长官都被他弄得哭笑不得。用他自己的话说，他是“屡教不改的一根筋”。据戴高乐的儿子菲利普回忆说，戴高乐本来最讨厌手工活，可是为了越狱，他简直像换了一个人。仿造钥匙、给衣服染色、伪造通行证、拆砖墙、锯栏杆，样样都干得特别投入。每一次的逃跑，戴高乐都吃了许多苦头，每一次都是危险异常，因为这不仅需要体力，更需要随机应变的智慧。后来，因为几次试图逃跑，戴高乐被罚关在“黑屋子”里，长达四个月之久。“黑屋子”里又黑又冷，不能通信，没有书可以看，没有灯光，也没有暖气，所有的吃喝也仅仅够维持生命。戴高乐凭借他顽强的意志坚持了下来。整个“一战”后期，戴高乐一直用越狱的方式来与德国军队做斗争，直到“一战”结束。

贝多芬的头发为什么总是乱蓬蓬的?

人们经常说，音乐是人类的共同语言，是没有国界的。事实上，音乐不但是人类共同的语言，也是人类迄今为止最为优美的语言。很多音乐家都创造出了震撼人心灵的作品。在世界古典音乐领域，有一位杰出的代表，那就是著名的古典音乐大师贝多芬。然而，令很多人奇怪的是，这位大师的头发总是乱蓬蓬的，这里面难道有什么秘密吗?

众所周知，贝多芬晚年的作品是在耳朵失聪的情况下完成的。贝多芬死后，他的一位崇拜者剪下了他的一束头发来纪念贝多芬，正是这些头发成了贝多芬耳朵失聪甚至是死亡的凭证。原来，这些头发中含有大量的铅！赖特尔医生揭示，在1826年12月5日到1827年2月27日，贝多芬在自己的日记本上记到“瓦夫鲁赫大夫对我进行了腹水治疗”，从这些资料可以知道，贝多芬生前患上了严重的腹部水肿，瓦夫鲁赫大夫为了治疗他这种病，对他的腹部进行了穿透治疗，这种穿透治疗一共进行了四次，而每次治疗结束后，贝多芬头发中的铅含量都会达到一个新的高度。也就是说，缓解腹部水肿的同时，瓦夫鲁赫大夫也加剧了贝多芬的铅中毒。

正是由于这些铅，贝多芬的头发才“不受拘束”地乱蓬蓬的，也是由于这些铅，最终夺走了这位伟大的古典音乐家的生命。

张飞真是个“大老粗”吗？

家喻户晓的通俗小说《三国演义》里有这样一位人物，他疾恶如仇，为人莽撞，武艺高强却大字不识一个，他就是张飞。然而在真正的历史上，张飞虽然相貌刚猛，却并非是个“大老粗”。

据历史学家考证，张飞不仅识字，还是当时颇有名气的书法家，甚至还是个善画美女的画家。南北朝的陶弘景曾经在《刀剑录》上这样记载：张飞拜新亭侯，亲书刀剑铭文：“新亭侯，蜀大将也”。明代的《丹铅总录》也说张飞的书法“文字甚工”。至于画美女图，明代有卓尔昌的《画髓元诠》说张飞“善画美人，善草书”，清代也有关于张飞善于画美人的记载。

除此之外，《三国演义》上说张飞出身屠户，据可靠史料记载，也并非如此。张飞是河北涿郡地方的一个大豪绅。看来，小说终究是文学形式，对人物的刻画描写不能当作史料来引用。看过三国的人，谁又能想到真实的张飞竟然是三国时期蜀国著名的书法家、画家呢？而且，张飞打仗时一向有勇有谋，其谋略并不在诸葛亮之下。

由此可见，在蜀国的“五虎上将”中，还数张飞最风流儒雅了，远胜关羽、赵云、马超与黄忠。不过，他刚猛莽撞的形象既然已经家喻户晓，那就让他继续做他的“大老粗”吧！

富兰克林风筝引雷实验是骗局吗?

在我们熟悉的故事里，富兰克林是世界上第一位提出用实验来证明天空中的雷电就是电的科学家。风筝引雷实验是非常危险的，他的这种对科学的奉献精神令每个人都为其感动。可是富兰克林真的做过风筝引雷的实验吗?目前为止还缺乏足够的证据，即便做过，也不一定和我们了解的一样。

1752年，富兰克林给英国皇家协会的信中提到关于风筝实验的记录："当雷雨云来到风筝上空时，尖尖的金属丝就会从云上引下电火，当风筝被打湿后，会发现大量的电火从钥匙上流出。"

云层产生的雷电能量很大，如果电流顺着风筝流经人体导入大地，强大的电流会使人的呼吸系统麻痹，从而停止呼吸。雷电带来的强烈的热效应也会将人体的皮肤烧焦，这叫作"直接雷击"。如果是这种情况，遭受雷击的人十有八九都会死亡。

故事中，富兰克林的手离钥匙很近，遭受雷击的富兰克林绝不可能安然无恙。实验者模仿富兰克林的实验，用相同的材料制作了一个风筝。在晴朗的海滩上，空气与风筝产生的静电已经能使挂在风筝上的钥匙吱吱作响。如果把风筝弄湿，风筝上的静电量进一步增大。

由此可以推断，富兰克林所做的并不是从云中引出雷电，而是雷雨云经过时，风筝上发生的静电现象。

所以我们可以说富兰克林确实做过风筝实验，只是当时做的风筝实验可能只是验证了静电现象，而当时的科学水平还不能区分静电和闪电。即便如此，富兰克林的实验精神和为科学奉献的精神还是值得肯定的。

罗斯福的左眼是被人弄瞎的吗？

众所周知，罗斯福是美国历史上最伟大的总统之一，“二战”时期的“三巨头”之一。在罗斯福晚年，他的左眼出现了各种可怕的问题，但他并没有把这一消息公之于众。人们根据20世纪40年代后的照片分析，罗斯福的左眼以及眼皮似乎都有损伤。在1945年，罗斯福发表关于雅尔塔会议以及战后世界秩序的演讲中，他的左眼已经明显看不清了，是谁弄瞎了他的左眼呢？

关于美国总统罗斯福的死因，外界一直有不同的猜测。官方的说法是，罗斯福在63岁时由于突发脑溢血而死亡。但是最新的研究表示，罗斯福为了连任，让其私人医生隐瞒了总统癌细胞扩散的消息，他真正的死因是癌细胞扩散。在后来的分析中，医生们认为罗斯福晚年左眼出现的各种问题，其实是右脑部被病毒破坏之后所带来的视觉神经瘫痪。

医生们推测，那时的罗斯福已经患有了一种名叫黑色素瘤的皮肤癌，这在当时可以说是一种不治之症。从罗斯福到1945年之后的演讲中不难发现，癌症已经不只危害到了眼睛，而且导致罗斯福的发言很不清楚，讲话错误频出，病毒已经影响到他的语言和思维功能了。

因为没有明确记载，关于罗斯福左眼失明的原因一直都处于猜测的状态。现在的医学分析认为，罗斯福左眼失明的原因是由于癌细胞的扩散。值得一提的是，在美国历史上，罗斯福并不是唯一一个把自己包装成健康人的患者。威尔逊的私人医生隐瞒了他中过风的事实，里根的医疗小组也绝口不提他晚年患上老年痴呆症，肯尼迪的医生也替他隐瞒了肾上腺功能不全的事实。

拿破仑战败是因为得了痔疮吗?

1804年，拿破仑把法国从共和国变成帝国，史称法兰西第一帝国。身为一代军事奇才，拿破仑对内多次镇压反动势力的叛乱，对外不断入侵扩张，最终形成庞大的拿破仑帝国，创造了一系列的军事奇迹。但在1815年，拿破仑在建立百日王朝后再度兵败滑铁卢，昔日建立的辉煌顷刻间化为灰烬。有趣的是，有人说他的失败与痔疮有关，这是真的吗?

残酷的战争期间，因为高强度的工作压力，拿破仑的睡眠和饮食都极不规律。在拿破仑28岁时，他就因为长期的便秘而患上了痔疮。5年后，粗糙的食物和快速吞咽习惯使得他得了消化道溃疡。

长久的病痛折磨使得拿破仑的脾气变得暴躁易怒，常常对自己的属下无端地发脾气，这样的行为严重影响了士气，甚至有人认为皇帝疯了。1813年，拿破仑在德累斯顿击溃同盟军，就在拿破仑准备乘胜追击时，痔疮使得他浑身湿透，筋疲力尽。拿破仑只能把指挥权交给手下自己回到后方休养，结果法军大败，拿破仑被迫投降。

在著名的滑铁卢战争中，拿破仑强忍着痔疮在马背上指挥了一天。晚上他只能依靠鸦片的麻醉才能入睡，但等他第二天起来的时候，已经是上午的11点，那时已经错失了夺取战争胜利最重要的前7个小时。

那之后的很多战役，同样由于痔疮带来的疼痛使得拿破仑心烦意乱，下达了很多错误的决定。

拿破仑一生是传奇的一生，万万没想到的是一个小小的痔疮使得这位传奇人物做出了很多错误的决定，致使战争的失败。我们不能说痔疮是他战败的唯一原因，只能说是其中的一个原因。

最差人品是牛顿?

发现了力学三大定律的牛顿是世界上最伟大的物理学家之一，他在力学方面的贡献使得他成为家喻户晓的科学家。但是牛顿有着无敌差的人品，这是真的吗?

因为发现了万有引力定律，牛顿在科学界树立了绝对的权威，成为名利双收的名人。但牛顿却利用自己的权力，侵占别人的劳动成果。刚开始牛顿提出，引力的大小不随距离而改变，但这个观点遭到胡克的反对。胡克给牛顿写了好几封信来反驳他的观点，引用很多证据来论证引力的大小和距离成反比。

事实上，胡克确实是正确的，牛顿最终也采用了胡克的观点。可在这之后，牛顿不但把关于胡克的引用统统删掉，还在胡克死后将胡克实验室和胡克图书馆全部解散，以至于至今没人知道胡克到底长什么样子。

不仅如此，牛顿还与莱布尼茨争抢“微积分的创始人”的称号。他们两个人几乎是以不同的方式同时发明了微积分，起初两人互相欣赏，但随着微积分的广泛引用，莱布尼茨的名声逐渐超过了牛顿。牛顿越来越不甘心，甚至借其麾下的皇家协会成员挑起事端，指责莱布尼茨剽窃牛顿的成果。

在其他的方面，牛顿的人品也比较差。1650年前后的牛顿一直迷恋炼金术，他留下的关于炼金术的手稿有接近100万字。牛顿以能够提高货币制作的精准度为借口，担任了皇家铸币局局长。当时的一位伪币制造者威廉·查纳隆声称皇家铸币局的制作工艺不精，不能造出能够防伪的标准货币，这激怒了牛顿。他利用自己的权力打击查纳隆，并在最后以八大罪证将查纳隆处以绞刑。

牛顿是伟大的物理学家、天文学家和数学家，但是他在为人处世方面确实做得不够好，他利用自己的权力打击同时代的和自己有利益冲突的科学家，在金钱方面也是嗜钱如命，甚至可以说最差人品是牛顿。

爱因斯坦差点当总统?

爱因斯坦是20世纪最伟大的科学家，他同时也是一位德裔美籍的犹太人，很多人尊称他为“犹太圣人”。我们都知道他的著名的相对论，却很少有人知道他还有一段拒绝出任以色列总统的佳话。

1948年5月14日，世界上唯一一个以犹太人为主体的国家以色列成立了。世界犹太复国主义组织领导人哈伊姆·魏兹曼担任总统。1952年，魏兹曼与世长辞，但此时的以色列正陷于与周围阿拉伯国家战争当中，国力衰微。人们把目光投向了犹太世界中知名度最高，在世界范围内也颇具威信的爱因斯坦身上。

在魏兹曼总统去世后一天，以色列驻美国大使就向爱因斯坦转达了以色列总理古里安的信函，正式提请他为以色列共和国第二任总统候选人。爱因斯坦回答大使说：“大使先生，关于自然，我了解一点；关于人，我几乎一点也不了解，怎么能够担任总统呢？”大使进一步劝道：“教授先生，已故总统魏兹曼也是教授，他能胜任，您也可以的，全世界的犹太人都在期待着您呢！”但爱因斯坦还是婉拒了大使和以色列政府的请求。

在这件事上，爱因斯坦很清楚自己的能力，以他的生活方式，是很难胜任以色列总统的。除此之外，爱因斯坦还是一位著名的和平主义者，他大声痛斥法西斯对犹太人所犯下的暴行。但他也反对狭隘的犹太民族主义，他希望看到犹太人与阿拉伯人和平地生活在一起，这也是他拒绝当总统的很重要的原因。

爱因斯坦拒绝担任总统不仅仅是他的淡泊名利和清醒睿智，更是他希望犹太人能够和阿拉伯人和平地生活在一起的政治观念。虽然爱因斯坦在学术上卓有成就，但如果真的让他管理一个国家，那恐怕是很难的。

只有慈禧才叫“老佛爷”吗?

我们都知道慈禧太后又叫“老佛爷”，那么“老佛爷”是慈禧的专称吗?

对于“老佛爷”的由来，这里也有几种不同的说法。

有一种说法是根据《清朝野史大观》中记载：“孝钦后政暇，曾作观音状。”宫中均以老佛爷相称。还有一种说法是李莲英给她的加号，慈禧太后对佛教一直保持着很高的热情。每逢干旱少雨时，慈禧太后与满朝文武都要求雨，一直到雨水到来为止。有一次，北京干旱少雨，慈禧太后照例要去求雨，这一次只用了三天的时间，就天降大雨。李莲英很兴奋，便趁机恭维慈禧太后说，太后真是了不起，就像佛爷一样。从此之后，慈禧太后变成了李莲英的老佛爷。不多久，这个称呼就传开了，慈禧太后“老佛爷”的称号传遍全国。

但是根据史学家的研究发现，“老佛爷”这个称呼不是随便来的。“老佛爷”的称呼实际上是清朝皇帝的特称，源自满族的祖先女真族首领最早称为“满柱”，是佛号“曼殊”的转音，意为“佛爷”。垂帘听政后的慈禧太后为了能够进一步巩固自己的威望，所以采用了“老佛爷”的称号。

所以，老佛爷不是慈禧太后的专称。

很多编剧在编写剧本时，不管哪个朝代，凡是皇太后都称为老佛爷，这是不尊重真实历史的，其实只有女真族首领以及慈禧可享此称呼。

法老王图坦卡门的死是谋杀吗?

一提起埃及，我们就会想到金字塔、埃及艳后以及法老和他们富丽堂皇的随葬品。在古埃及众多的法老中，图坦卡门以他的豪华陵墓和黄金面具成为古埃及文明的重要象征，关于这位年轻法老的死因，有着众多的传说和猜测，其中谋杀论占主流。

结合一些文献史料的记载和出土文物，我们可以得知：由于图坦卡门登基时年纪非常小，只能和老臣阿伊共掌大权。图坦卡门在19岁时突然死去，老臣阿伊继承了王位。在阿伊继承王位之后，他力图消除关于图坦卡门的所有记载。所以，在他的坟墓被发掘以前，人们对于这位年轻法老的死一直有种种猜想，很多历史学家认为他是被阿伊杀害的。阿伊也就在历史上一直背负着谋权篡位的罪名。

为了解开这个千古之谜，埃及文物主管部门组织考古和医学界的专家一起为图坦卡门做了一次全身的大检查。科学家在CT扫描的基础上，揭开了他的真正死因。

科学家在拍摄了1700张的照片之后发现，图坦卡门法老并不是死于谋杀，而是死于左腿骨折后导致的伤口溃烂。对于古埃及人而言，由于医疗条件的限制，伤口的感染和溃烂是导致死亡的重要因素。而对于之前一直猜测的谋杀，并没有发现任何有力的证据。长期以来，关于图坦卡门被谋杀的种种猜想被推翻，历史终于还原了真实面貌。

通过科学的分析和严谨的推理，图坦卡门的死因终于真相大白，他是死于感染而非一直所猜测的谋杀。

宋之问为了一首诗杀了外甥?

为财杀人、为色杀人的故事屡见不鲜，但是你听说过为抢诗杀人的吗？宋之问为了抢夺一句妙诗杀害外甥刘希夷的事是真的吗？

让我们先来了解一下宋之问这个人，他是初唐著名的诗人，与诗人沈佺期齐名，都是上元二年的进士。宋之问身材高大魁梧，长相英俊潇洒。

关于他夺诗杀人有这样的一段记录。有一次他到外甥刘希夷家中，见到刘希夷有两联诗，一为：今年花落颜色改，明年花开复当谁？一为：年年岁岁花相似，岁岁年年人不同。宋之问特别喜欢这后一联，便问外甥给外人看了没有？刘希夷说没有，于是宋之问便要索要这两句话，但刘希夷却死活不肯。惹得宋之问怒火中烧，当场便让家奴用土袋把刘希夷压死，最后夺诗而去。

这两句传诵千古的诗到底是出自谁之手，至今仍无定论。而且史料对于宋之问夺诗杀人的记载含糊不清，更是让这一段历史被后人争议无数。据史料记载，宋之问是初唐时期的大诗人，名气远远超过刘希夷。《旧唐书》说他被贬谪时，“途经江岭，所有篇咏，传布远近”。足见其影响之广泛。如此大名鼎鼎而且深受人们喜爱的诗人，在功成名就之后，怎么会嫉妒一个无名小卒的一首诗呢？而且还是自己的外甥，甚至要嫉妒到杀人的地步？宋之问虽是舅舅，但比外甥刘希夷还小几岁，一个才高八斗而且很出名的宋之问，嫉妒一个“老外甥”之诗，实在难以说得通。

宋之问是否真的为抢夺一联妙句而杀人我们不得而知，但是史料上面却记载着宋之问在个人生活方面确实不注意自己的行为，常常做一些溜须拍马之事，在文人中留下了不好的名声，这也许是为什么人们愿意相信他能够为了一句诗而杀人的原因。

一直以来，宋之问被打上了“卑鄙小人”的印记。但是史料记载模糊，宋之问是否真的为夺诗杀人，还不能下定论。

尼古拉·特斯拉是“科学怪人”的鼻祖吗？

尼古拉·特斯拉是塞尔维亚裔的美籍发明家、物理学家、机械工程师、电气工程师。他在电磁场领域有着多项革命性的发明，被认为是美国最伟大的电气工程师之一，是电机工程学的先驱，也被称为史上第一“疯狂科学家”。

尼古拉·特斯拉一生的科学研究贡献超越了时代，研究领域涉及交流电系统、无线电系统、无线电能传输、球状闪电、涡轮机、放大发射机、粒子束武器、太阳能发动机、X光设备、电能仪表、导弹科学、遥感技术、飞行器、宇宙射线、雷达系统、机器人等。1899年，特斯拉在科罗拉多州的斯普林斯研究电力，在实验室中计算得出地球的共振频率接近8赫兹，并成功制造出人造闪电。举世闻名的尼亚加拉水电站就是特斯拉三十多岁时的一项设计，共运用了他的9项专利发明，被称为人类近百年科学史上的一大奇迹。1928年，特斯拉申请小型飞机“飞炉”专利成功，这种飞机衍生出后代的“垂直起落飞机”。

特斯拉还设计了“飞碟”状飞行器，是一种没有机翼、副翼、螺旋桨和外部装置的飞机，通过反作用实现续航和驱动。“飞碟”速度极快，可以通过无线方式控制，发射导弹精确击中数千英里之外的预定目标。特斯拉发明的“世界系统”奠定了现代信息传输的基础，这个系统通过无线传输瞬间将任何类型的信号、信息、文字传递到世界任何一个角落，实现电报、电话，以及信号站点之间的互通互联。例如，通过世界系统，当地一个电话用户可以呼叫地球上任何一个电话用户，成本不会高于手表接收器，可以让人在世界任何地方接听任何距离之外的讲演或音乐会。

由于特斯拉的科学研究和发明创造大多超越时代，显得匪夷所思，因此他被称为“疯狂科学家”。他一生未婚，晚年独居纽约，经常发表一些怪异的科学理论，故而不被当时的人们所接受。

Part 13

神秘知识：让你大开眼界的奇闻逸事

为什么中国人崇拜数字？

我们说的数字崇拜，是人们对于某个数字或者某些数字非常喜欢，觉得这样的数字能够为自己带来好运气以及避免晦气，可以帮助自己升官，也可能发财，就像中国的8、6、9、7以及3等。中国对于数字的崇拜大部分是因为“字音”，例如8的发音好像是“发”。数字崇拜现象在世界上很多国家都有。和数字崇拜一起存在的，还有数字避讳，同时中国最避讳的当数4。原因是它的发音好像是“死”，因此不吉利。

同时，中国古代所运用的八卦、术数，没有了数字的排列组合以及计算都没办法完成。在现代社会，留下来的只有对一些数字的崇拜，例如“8”。将“8”读成“发”，这并非普通话的读音，属于岭南一带的读音。“8”属于符号，“发”属于实际的事物，来自西北的“发（髪）菜”，运送到岭南，就不只是由于含高蛋白，更由于谐音“发财”，而非常受到欢迎。

那些我们时常挂在嘴边的吉利数字，在中国很早以前就出现了，现在商业时代对它们的喜爱就更加强烈了。无论电话号码、门牌、车牌还是开业日期，和“8”（谐音“发”）、“6”（意指“顺”）、“9”（谐音“久”）这些有联系的吉祥数字非常非常多。

数字崇拜或许非常书面化，充斥着平常的生活。结婚选一个好日子，手机挑一个好号码，买车挑一个好车牌……这些全部是数字崇拜。数字崇拜与符号迷信，最害怕的就是太过普遍：存在有益的，一定就有需要忌讳的。

“8”好，导致“4”变得让人忌讳，因此酒店与办公楼都没有4层，3楼直接就到了5楼，房间一样从3号直接到5号，13号直接到15号。

旧中国，老百姓因为文化程度都不高，并且缺少非常基础的科学知识，对于日子非常有讲究，宜何事，忌何事，全部按照历书写的进行办理，就是出门朝哪个方向，也不会违背。就连什么时候理发，什么时候洗澡，什么时候可以动土，什么时候可以安床，必须看过书之后，才能够办。

中国人喜欢走极端，是黑就是黑，是白就是白，是好人就是好人，是坏人就是坏人，要么一切都不顾，要么一切都“统计分析”一下，数字崇拜的心理就是在这类“分析”里面发展的。

数字到底有没有“法力”，可能是有的。原因是所有有形的物质，哪怕这物质属于人造的，全部拥有自己的“场”，所以全部带有一定的“场效应”。但是，数字场效应的大小，不只是根据音判断，更重要的还在于形和意。汉字属于象形文字，它的形和意紧密相连。但是汉字里的同音字的确太多了，所以，与字形以及字意相比，字音的作用也就太小了。不清楚这些，对数字的崇拜就导致南辕北辙，不但没有用，可能还将耽误事。

塔罗牌占卜是心理学吗?

“塔罗”这个词是来源于埃及语的“道”和“王”这两个字，表示“王道”的意思。所以，“塔罗”这个词自己也是指身为王者，他拥有正确决断力，这也刚好是这类占卜方式的源头。塔罗的源头还是非常地神秘，真相到现在为止还没有被证实。

据说，“塔罗”以前是一本《叨忒之书》，属于一本进行传达天神意念的神秘的书。在古埃及时候，法老们碰到自己无法解决的问题时，将打开这本《叨忒之书》，接着，全部的问题就可以解决了。在塔罗里面，有占星术、炼金术、喀巴拉、灵数学以及符号象征等，并且把这么多的学科一一融合，以此来看它是多么神奇。

在古埃及图书馆被烧后，只剩下这本书还比较完整。担心这本神秘的书被其他族拿到，神职人员将它画在卡片上，交给了神官，最后，让亚历山大带到了欧洲。大概在中世纪制作出了我们目前所用的塔罗牌，塔罗牌是神秘以及智慧的总结凝练。

心理学和塔罗牌关系密切，就像我们第一次触碰塔罗时，会有极其敬畏的感觉出现，不允许其他人随便触碰，仅仅存在一种无法表达的感觉。原因就是我们对塔罗牌的了解非常少，对它的概念极其不清楚，总感觉塔罗是神圣的。因此，在我们接触塔罗牌时，非常多的人都出现这个不正确的想法。塔罗牌对我们清楚人类的内心世界作用非常大，但不是神化的事物。

对于那些和塔罗以及别的黑魔法存在联系的事物，客观地说，其实根本没有，原因是这个世界根本就没有什么魔法。可是在微观上看来，它是真真实实存在的，或许会让人感觉矛盾。事实上，不同的仪式以及法术的目的全是为了提高占卜人的精神力量。原因是，他们认为，不用这类手段，塔罗的精确度将会下降。举例来说：我们在进行足球比赛时，或许跑着跑着已经没有一丝力气了，马上就要摔倒，但是场边的观众在持续地加油、助威呐喊。明玥就要不行了，可是依然坚持下去，不停地来回奔跑。在比赛结束后，或许自己就一下栽倒，很长时间没有办法起来，甚至休克昏过去。但是我们坚持下来的原因是什么呢？是观众给我们的呐喊声，让我们心里面非常明白，要保持清醒，要努力，我们还没有胜利。这一种方法就是心理暗示，自己内心给予自己力量。

塔罗牌反映的正是人的内心。

五行与医学有关系吗？

人们谈到五行的时候，“金、木、水、火、土”这几个字直接就闪现在脑海里，事实上，五行代表的是五种运动方式，“行”字代表的就是运动，五行的生生灭灭，循环轮回，促进了世界的演变。五行被中医采纳，通过五行的各自特点对人体的脏腑、经络、生理功能的五行属性以及它们中间的联系进行研究分析，同时解释它们在病理中的影响。不仅能够用作对于理论的解释，同时还有指导临床的现实作用，五行学说被融合到中医里面，非常有助于我们身体的健康。

五行包括相乘和相侮，属于五行关系在什么因素作用影响中所引起的不正常反应。乘，就是乘虚而入。侮，就是恃强凌弱。相乘，就是两者相克得太厉害，正常的约束力量已经被打破，进而导致五行系统结构关系失衡。这样不正常的现象出现的原因大概有两方面：第一，被侵袭的人，自身体质弱；第二，侵袭者本身就非常强，其他的制约不住它。相克属于正常状态下的制约关系，相乘属于正常制约关系被破坏以后超负荷的克伐，属于不正常现象。对于人体而言，前面的属于生理状态，后面的属于病理状态。相侮，和相克相反。属于五行系统结构关系失调的另外一种表现。还是存在两个方面：第一，被克的非常强大，超出约束范围，转过头来把克的给欺负了；第二，克的弱小，被克的由于它弱把它欺负了。例如，支气管扩张的一些病例显示：病在肺部，因为肝气忧郁聚集，气大了就反过来逆流而上，变成火伤了肺，开始咯血了，就是木火刑金，木太盛侵袭了金。

木：肝和胆，又属筋骨以及四肢。

火：心脏和小肠，又属血脉和全部的循环系统。

土：脾和胃，又属肠和全部消化系统。

金：肺和大肠，又属气管和全部呼吸系统。

水：肾和膀胱，又属脑和泌尿系统。

五行能够说明病理，肝病能够传到脾，属于木乘土。脾病同样能够影响肝，属于土侮木。肝脾都有病，两者之间相互影响。肝病还将破坏心，属于母亲生病波及孩子。影响到肺，属于木侮金，影响肾，是孩子生病波及母亲。肝病如此，别的脏器生病也是一样，全部能够借助五行相克乘侮关系，解释它们在病理中的相互影响。

十二生肖来自民间历法吗?

历法就是计算年、月、日、时的长度以及它们之间的联系，研究时间顺序的法则。人们以太阳、地球、月亮自己以及相互的运动，构建了年、月、日、时的概念。生肖同样属于一类记录时间的符号系统，借助十二种生肖动物能够具体生动地表示时间，能够纪年、纪月、纪日、纪时。每一件事情出现的时间，包含人的生日，全部能够用天干地支与十二生肖搭配生动地表示。生肖纪时和中国传统的历法有极其亲密的关系。

天干、地支属于我国传统记载年、月、日、时的标志，放在一起叫干支。因为农业生产以及日常生活的需要，我们的祖先查看日月星辰的运行规律，根据所看到的创造了天干、地支。它们和十二生肖有着紧密的联系，产生的年代要早得多，是十二生肖的基础，对十二生肖的形成产生重要影响。十二地支与十二动物匹配得到，子鼠、丑牛、寅虎、卯兔、辰龙、巳蛇、午马、未羊、申猴、酉鸡、戌狗、亥猪。

以生肖纪年：十二生肖与十二地支互相对应，就是子鼠年、丑牛年、寅虎年、卯兔年、辰龙年、巳蛇年、午马年、未羊年、申猴年、酉鸡年、戌狗年、亥猪年。在一个甲子里，每一类生肖动物将有五次机会出现。

以生肖纪月：一年有十二个月，虎月是一年的开始，寅虎月是正月，卯兔月是二月，辰龙月是三月，巳蛇月是四月，午马月是五月，未羊月是六月，申猴月是七月，酉鸡月是八月，戌狗月是九月，亥猪月是十月，子鼠月是十一月，丑牛月是十二月。

以生肖纪日：干支纪日是六十天做一个周期，每一个组合象征着一天，就是甲子日过后是乙丑日、丙寅日、丁卯日……持续到癸亥日，再一次开始新的循环。

以生肖纪时：传统纪时一天也是十二个时辰，和十二地支相匹配。就是子时、丑时、寅时、卯时、辰时、巳时、午时、未时、申时、酉时、戌时、亥时。那时候的一个时辰是现在的两个小时。

用具体的动物形象纪年、纪月、纪日、纪时，要比干支法容易得多，流传也更加方便。到现在，人们仍然习惯用属相传达自己的年龄，生肖这种文化已经扎根于我们的生活。

胎记是前世的印记吗?

很多孩子出生的时候，身上带有明显的胎记，那么胎记到底是如何形成的呢？迷信的老人会说：“胎记并非病症，它属于人前世的印记。”另外一种说法是：胎记是人在投胎时，阎王爷给了一脚遗留的印记。这可信吗?

事实上，这些全都是没有根据的说法。那么，什么原因导致人长胎记呢?

在人们眼中，胎记仅仅是皮肤表面的颜色变化，只要不长在明显的地方，便无伤大雅。但是根据相关医学研究，胎记其实属于一种皮肤性病变，青色以及黑色的胎记，是由于皮肤黑色素堆积而引起的色素性皮肤病，有太田痣、咖啡斑、黑毛痣等。红色胎记，是皮肤毛细血管畸形而导致的血管性皮肤病，有鲜红斑痣以及各类血管瘤等。

胎记能够借助颜色进行辨别，主要有六种颜色，分别是肤色胎记：如表皮母斑、结缔组织痣、皮脂母斑。红色胎记：如葡萄酒色斑、草莓样血管瘤、焰色痣。青色胎记：如青色母斑、蒙古斑、伊藤母斑、太田母斑。紫色胎记：如海绵样血管瘤、皮肤静脉瘤。黑色胎记：如斑痣、兽皮样黑痣、先天毛发性黑色素母斑、黑色素细胞痣。褐色胎记：如贝克氏母斑、咖啡牛奶斑。

胎记为什么出现目前也不清楚，大部分是说患者还是胎儿时，被外界不同的东西刺激造成皮肤发育缺陷，出现了各类皮肤病变。包括环境污染、孕妇情绪波动、辐射、遗传，等等。

有研究表明，环境污染是造成胎记的最主要原因，人类的食物、饮用水、空气没有一样不承受化学物的污染，如果怀孕时孕妇胡乱吃东西，借助母婴连接让胎儿受到影响，将造成胎儿皮肤出现病变，变成胎记。此外，孕妇的精神压力、居住地的电磁辐射、胎记家族史都可能造成胎记。

一些胎记长在人体暴露的地方，比如面部、颈部等，对患者的外貌形象有严重影响，造成患者出现自卑、孤僻的性格，很多孩子因为被同龄人嘲笑、歧视，心理被严重地伤害，得了自闭症、精神分裂症等精神疾病。因此，有民间传说胎记是前世的某种印记，虽然这种说法并没有科学依据，但对于缓解患者情绪，调整患者心理状态有较好的帮助。

本命年为什么要系红腰带?

“本命年”指的是十二年才能一个轮回的农历属相所在的年份，也被叫作属相年。就像猴年出生的人，2004年属于他们的本命年。在传统习俗里，本命年一般被当作是一个不太好的年份。“本命年犯太岁，太岁当头坐，无喜必有祸”的民谣是对本命年不太好的真实写照。所以民间一般将“本命年”称为“坎儿年”，就是度过本命年就像走过一道坎儿。当到了自己的本命年，汉族北方的人，不管大人小孩全部买红腰带系上，叫作“扎红”，小孩还必须穿红背心、红裤衩，觉得如此才可以趋吉避凶、消除灾祸。这种习俗现在依然盛行，在春节时候，市场上有非常多的“吉祥带”“吉祥结”等红黄绸带，本命年的人把它系在腰间、手腕上，希望如此就能消解灾祸、化凶为吉。

根据考古研究，“本命年”在汉代以前就出现了，源头是中国的十二生肖以及“崇红”心理。在以前的中国，人们使用甲乙丙丁、子丑寅卯等天干地支的组合对出生日期进行记忆，为了记忆以及推算更容易，人们就采取鼠、牛等十二种动物和十二地支杂糅一起的手段，每年用里面的一种动物当作这一年的属相。同时汉民族的本命年的依据就是十二生肖属相循环往复，它和十二生肖紧紧联系在一起。

“本命”禁忌，在民间存在非常大的影响，在南北民俗里，都流行在本命年挂红避邪躲灾的传统。所以人们到自己的本命年时对红色就极其喜欢，本命年选择的红色可能是来自中国汉民族传统文化有关红色的崇拜。红色能够辟邪，红色代表吉祥，这类的认知早在原始社会就已经出现了，红色属于太阳的颜色，属于血的颜色，属于火的颜色。伴随时代的发展，这种对红色的崇拜未曾改变，新年贴红对联，汉族的旧式婚礼里新婚的红嫁衣、红盖头、红蜡烛、状元的红榜等，不管什么时候什么地方，人们都会选择红色来显示喜庆。汉民族将红色看作喜庆、成功、忠勇以及正义的代表，认为红色能够驱邪护身。所以在大年三十，人们就很早地穿上红色内衣，有的系上红色腰带，一些人在身上佩戴的饰物上也使用红丝绳系挂，去迎接自己的本命年。人们觉得如此就可以趋吉避凶，消灾免祸。这些可以在本命年辟邪的红色物件就是人们常说的“本命红”。

催眠术能治病吗？

催眠术，是运用心理暗示和患者进行潜意识沟通的技术，严格来讲催眠不被称为睡眠。催眠只属于一种手段和引发睡眠的状态，而睡眠则属于一种自然现象。

睡眠是一个自然而然的事情，同时人们睡觉时也容易被惊醒。可经过催眠睡着的那类状态，属于由清醒到睡眠的一个中间状态，在那个状态里面的人，能够跟着催眠师的指令，彻底被催眠师暗示以及诱导，人的生理心理将被催眠师所控制，自己不能抵挡。

一般认为，催眠对非常多的精神和心理疾病，以及很多心身疾病，治疗效果非常明显。由于人的身体里存在非常多的失衡现象，全部来自人的大脑皮层、神经系统，以及神经内分泌，催眠的方法可以调节人的大脑皮层功能，也可以调节大脑里面从小到大堆积的很多错误认知，以及各种情绪。

在人类的疾病里面，人的精神和心理疾病大概占据全部病症的三分之一，比如有人考试紧张，有人有交流障碍，有人不停洗手，有人焦虑无法入睡，这些病症可以通过催眠进行治疗，甚至一些与心理有关系的身体疾病，用催眠的办法也能取得良好的治疗效果。

另外，人体带着一个叫作“遗忘”的功能，这个功能是让人忘记一些达到承受范围之外的事。例如某人遭遇某种经验的强烈迫害，潜意识想要保护他，将把这些信息阻挡在他的意识外，使他遗忘此事，产生“失忆”现象。在我们日常生活中，这样的事时有发生。

但对于治疗而言，可以用催眠的方法代替遗忘，催眠能诱使人走入内心的不同状态，通过疏导、理解、接纳，最后使恐惧的情绪消失，而且从此学到更多东西，让人生得到更多经验。由于催眠帮助人释放自身的遗忘功能，从而减轻人们的精神痛苦。

但是催眠不是全能的治疗方法，如果是一些物理疾病和身体病症，比如心脏病、肺病、肝病等，必须要去正规医院进行药物治疗，催眠对这些疾病是无能为力的。

日本忍术是怎么修炼成的?

忍术的训练是从小时候就展开的，只要是忍者家族的人，无论男女老幼，都必须要传承这一家庭职业传统（忍术训练）。只是就忍术训练的内容而言，它的基本训练最主要的是平衡、灵敏、力量、持久和特殊技巧五个。

平衡训练:第一步是走竹竿，直到可以站在滚圆的竹竿上但不会摔倒。把竹竿提高到离地面大约90厘米时，接着走竹竿，达到行动自如的地步。接着提升竹竿高度，将达到99~132厘米，练到了这个高度会达到身体不害怕，干什么都像在平地上。拥有这样的平衡能力之后，才可以在屋顶、墙头和树木上行走自如。

灵敏训练:从小就开始进行很多灵敏素质专项训练，例如跃过满是刀片的绳子，训练的最后阶段进行危险障碍跑，跑步过程中充斥非常多危险的障碍物，身法出现一点不灵或反应有一丝迟钝，就会被障碍物弄伤。所以，忍术对身体的反应有非常严格的要求。

持久力训练:忍术的持久力训练包括静、动两种练法。静练法:双手抓住树，全身悬挂在空中，而地上都是暗器，是让练者一定不可以松手。动练法：以长跑作为基本，需要拥有跑五六千里的能力。一个有实力的忍术高手，要有好的跳跃能力，能够一天跑一百五十多里。

力量训练:忍术的力量训练是尽可能地释放人体的力量，有非常多的训练方法。

特殊技巧训练:忍术武技里面的特殊技巧训练非常多，例如潜水屏气、徒手搏斗、剑道、暗器、化装术、药物术、施毒解毒术、听力嗅觉训练……同时要具备极其强大的忍饥耐渴的野外生存能力。

凭借这么多死亡率非常高、灭绝人性的修行，忍者不管精神还是肉体都得到巨大进步，得到了极其惊人的毅力、耐力、战斗力。经过忍术的训练并且活下来的忍者，每一位都是一部极其忠诚的全功率战斗机器。忍术武技是让忍者在剑术、箭术、马术、柔术、脚功、身体平衡、放毒镖等方面一定要有最高的水准。可是最高标准的武技还属于极其出名的隐身飞遁之术。隐术，事实上并不是真正的隐身之术，仅仅是训练到手脚极其灵敏，纵跳奔跑能力非常强，在没有人看到他时，忍者已经消失了。

除飞行隐身外，使用暗器也是忍术武技最厉害的一种。忍术暗器大部分是毒镖和铜币（边锋开刃），个别使用剑、凿等。忍术暗器利用率很高，使用淬毒的铜币属于每一位忍术高手的看家本领。

“施毒解毒术”和“飞行术”“发暗器”一起称为“忍术三绝”。忍术高手每一位对此都极其擅长。一些书里说，忍术使用的毒药来自矿物以及动植物中，药力强大，能够杀死人。忍术的解毒术所用的解药，由草药以及药酒等调制。

忍术的训练可谓是勇气与勤劳的结晶，没有经过过硬的训练是不可能学会的。

瑜伽和冥想有什么关系?

瑜伽起源是五千年前的印度吠陀教，当时是一种修行手段，是教徒为了达到精神解脱而采用的重要修行方法之一。瑜伽在几千年的历程中，与吠陀教一起兴衰起伏，从刚开始成熟的婆罗门阶段，到后来的衰败，接着吸收佛教的一些教义，最后再次改革变为新婆罗门教，也就是印度教，重新统领印度宗教。大约公元前300年，帕坦伽利写的《瑜伽经》完成后，瑜伽才可以称作一个独立的系列。

瑜伽不属于意识的思想体系，而是把体验和实践当成基础的理论，以冥想静思的方式，让身体的训练和精神的净化得到统一，来获得解脱的修行法。因此瑜伽和宗教没有冲突，而且多数宗派都把瑜伽当成他们修行的一种形式。

静思、冥想、打坐是瑜伽修行的主要手段，随着瑜伽的发展，到现代逐渐改为以体位法的健身手段。现代人追求躯体上的健康和美丽，很多瑜伽的追随者都是以健身为主，逐渐抛弃了冥想的环节，使得瑜伽成为一种锻炼身体的体操。但是在印度教以及一些佛信徒心里，瑜伽仍然是重要的修行工具及手段，它的冥想手法与宗教信仰和磨炼修行息息相关。

瑜伽来自宗教，但是并没有宗教的教义去束缚，早期瑜伽的操练者就是通过冥想与“神”进行沟通，从而表达对神祇的崇拜。瑜伽的冥想能拓展更多的思维空间，磨炼人的意志力，成为修身养性的必要方法。

冥想其实属于瑜伽里最重要的一项技法，冥想是一种对生命系统能量释放、重组、修复以及优化的综合过程，冥想过后生命得到彻底洗礼，将越发平和以及宁静，对整个身体有着非常大的好处。但瑜伽并不完全等同于冥想，除了冥想以外，瑜伽还有许多体位操练。练习瑜伽的人借助冥想感受心灵（心思意念），同时摆脱物质欲念，与事物的源泉进行直接交流，而且用体位锻炼的方法挖掘人体的潜能。

美人鱼是一种什么鱼？

随着电影《美人鱼》的热播，在国内又掀起了一阵和美人鱼有关的大讨论，那么美人鱼到底是什么鱼？它的真实身份是什么呢？

美人鱼也称为“人鱼”，属于传说里的水生生物。一般情况下人鱼的上半身是人的躯体，下半身是鱼尾。中国、欧洲、日本都有关于人鱼的传说，但外貌和特征上却完全不一样，存在明显的分别。

有研究者认为，美人鱼是古猿进化人类的过程中，有一部分进入海中生活，上半身保留了类人猿的样子，下半身进化成鱼尾，实际上与人类是同一祖先。

还有生物学家认为，美人鱼可能是一种名叫“儒艮”（俗称海牛）的海洋哺乳动物。儒艮用肺部呼吸，每隔十几分钟要浮出海面换气，它背上长有毛发，类似于人类的头发。儒艮胎生幼子，胸前有两个硕大的乳房，并用乳汁哺乳后代，在哺乳的时候用前肢怀抱幼崽，头和胸部露出海面，构成一幅长发“美人鱼”哺乳幼子的画面。

除此之外，“美人鱼”也有可能是陵鱼。《山海经》中记载的“陵鱼”也称“龙鱼”，是一种水陆两栖动物。陵鱼有人的脸和手足，长了一条鱼身,时而生活在海里，时而生活在陆地，与“美人鱼”的外形十分相似。

另一说法是黑鳞鲛人,世界上目前找到非常多鲛人的尸骨,据说美国海军活捉过一条。海中鲛人的油膏,不仅仅燃点非常低，同时仅需一滴就能够燃烧几个月不灭,以前贵族的墓里面常发现用它的油脂制作的万年灯。中国古书记载，东海鲛人喜欢喝血，它们集中生活在海里死珊瑚堆积成的岛屿下，岛屿下面有珊瑚洞，洞穴胡乱地交错在一起，深不可测，此处就是鲛人的窝。传说它们擅长唱歌，在周围的海域散发动听的声音，引诱来去的海船客商，遇害者都被吃得骨头渣也不剩。